Ernst Lorenzen · **MAIL-MELTING**©

„Man kann ohne Liebe Holz spalten,
Eisen schmieden und Ziegel formen,

aber mit dem Menschen darf man nicht
ohne Liebe umgehen" ...

... schon gar nicht beim geschriebenen Wort.

Leo Tolstoi

Ernst Lorenzen

MAIL-MELTING©

Die innovative Korrespondenz

Ernst Lorenzen + Partner

Die vorliegende Ausgabe ist als „Book on Demand" bei BoD™ über die neue Digitaldrucktechnologie hergestellt worden und über den klassischen Buchhandel und Internet-Buchhandlungen zu beziehen.

Weitere Informationen unter: www.buchmedia.de

Oktober 2000
Buch & medi@ GmbH, München
©2000 Ernst Lorenzen
Umschlaggestaltung und Layout: Kay Fretwurst, Erkner
Herstellung: Libri Books on Demand
Printed in Germany · ISBN 3-935284-80-2

Inhalt

1 Vorwort	7
2 Die Bedeutung der Korrespondenz	10
3 Die Anrede und die Einstimmung	13
4 Die Botschaft	20
5 Der letzte Eindruck	23
6 Die Grußformel	28
7 Die Bezugszeichenzeile	32
8 Cartoon, Ich-Form und direkte Rede	37
9 Unterschrift, „Übrigens" und Anlage	42
10 Wirkungsvolle Korrespondenz in Stichpunkten	44
11 Musterbriefe	53

Dieses Buch widme ich meiner lieben Frau Christa, die mir in schwierigen Stunden der Selbstständigkeit Kraft gegeben und den Glauben an meine Fähigkeiten nie verloren hat.

Was wäre ich ohne Dich?

Vorwort

Kommunikation findet immer dann statt, wenn ein Mensch das Verhalten eines anderen beeinflusst. Im Geschäftsleben stehen dabei drei Möglichkeiten der Kommunikation im Mittelpunkt: das Gespräch, das Telefonat und der Briefverkehr.

Das persönliche Gespräch

Das stärkste Medium der Kommunikation in der Kundengewinnung ist das persönliche Gespräch. Deshalb wird hierfür auch die meiste Zeit angesetzt. Geschulte Verkäufer überzeugen, indem sie verbal und nonverbal wirken. Sie wissen um die Mittel der Schau- und Schallform, sie arbeiten mit psychologisch richtig ausgewählten Argumenten, die sie je nach Kundentyp einsetzen. Sie vergessen dabei nicht, die betrieblichen Ausdrucksformen gezielt als Merkmale eines einheitlichen Erscheinungsbildes hinzustellen, ja sie zu einer „Erkennungsmelodie" des Unternehmens zu komponieren.
Das gesamte Unternehmen soll gewissermaßen zu einem Markenartikel stilisiert, als einzigartig präsentiert werden. Eine so gelungene „Außenpolitik" stärkt mit dem dann erreichten Prestigewert auch ganz erheblich die Identifikation der Mitarbeiter mit dem Unternehmen.
Das Gespräch, das interessanterweise in der Regel gut vorbereitet wird, erzielt immer eine Wirkung. In seiner krassesten Form, dem Konfliktgespräch, liegt die Wirkung zum Beispiel darin, dass die Konfliktparteien die Möglichkeit erhalten, ihre Standpunkte für den anderen offen darzulegen. Im persönlichen Gespräch agieren wir verbal und nonverbal, setzen immer das „hörende Ohr" und das „lesende Auge" ein. Da aber das hörende Ohr andere Aufnahmebedingungen als das lesende Auge hat, reagiert mein Gesprächspartner – wenn er

denn kommunikationsbereit ist, und das ist er im persönlichen Gespräch – entsprechend unterschiedlich. Er reagiert entweder über Körpersignale oder aber er behandelt, was gesagt wurde.

Kommunikation per Telefon

Das Telefonat – eine Kommunikationsart, ohne die wir nicht mehr arbeiten könnten – ist in seiner Wirkung schon schwächer als das persönliche Gespräch. Es ist nicht immer vorbereitet, erreicht nur das hörende Ohr, nicht mehr das lesende Auge. Die nonverbalen Signale, also all das, was zum Beispiel im Einstellungsgespräch den Personalleiter bei seiner Entscheidung „für" oder „gegen" den Bewerber unterstützt – er muss ihn gesehen, erlebt haben – all das fehlt im Telefonat. Und damit ist dieses Medium – ich denke jetzt nicht an das Bildschirmtelefonat – schwächer als das persönliche Gespräch.
Schon deshalb sollte man beim Telefonat nicht in kurzen Sätzen sprechen. Das hörende Ohr lehnt schlaglichtartige Formulierungen ab. Beim persönlichen Gespräch und im Telefonat aber sind wir immer mindestens zu zweit und persönlich „da".

Korrespondenz heute

Wie aber sieht es bei der Korrespondenz aus? Und wir meinen die Korrespondenz zwischen den Vertragspartnern, dem Firmenvertreter zum Beispiel, oder dem Verkäufer und dem Kunden. Vieles von dem, was Kommunikation ausmacht, ist in der Korrespondenz nicht verwirklicht. Wir senden allein, wir empfangen allein. Der Kommunikationspartner erlebt die Reaktion des Briefempfängers erst, wenn er ihm antwortet. Und das kann von Fall zu Fall lange dauern.

Aber ob im Großunternehmen oder im Kleinbetrieb, jeder Brief ist eine Visitenkarte des Unternehmens. Und damit der Brief als Visitenkarte endlich wieder die Wirkung erzielt, die Sie erwarten können, wurde dieses Buch geschrieben. Es zeigt Ihnen auf, wie „schriftliche Kommunikation" heute verstanden werden muss.

Die meisten Möglichkeiten, die dieses Buch immer auch beweist, sind nicht neu, sondern nur anders. Natürlich sind auch Empfehlungen dabei, die „neu" sind. So, wie diese Zeit uns auch in anderen Situationen neue Techniken anbietet, damit wir uns vom Wettbewerb absetzen, so erleben wir Neues auch in der Korrespondenz.

Lassen Sie sich sensibilisieren, hinterfragen Sie, testen Sie. Die Reaktion des anderen wird Sie – das wissen wir – begeistern. „Schreibe, wie du sprichst", ist also die Empfehlung. „Vorausgesetzt, du sprichst gut". Das Buch ist für Menschen gedacht, die selbstverständlich gut sprechen, die in Verhandlungen begeistern und überzeugen können, die im Telefonat ihr Gegenüber zum sofortigen Handeln auffordern können, die sich als Geschäftspartner behaupten.

Wir sprechen dabei von MAIL-MELTING© – *Die innovative Korrespondenz* und haben uns an den „Melting-Pot" erinnert, den Schmelztiegel, in den wir alles „Alte" hineinwerfen, es einschmelzen, um dann daraus „Neues, Innovatives" zu kreieren.

Das Buch bietet Ihnen dazu im ersten Teil Hinweise, was Sie zum geordneten Aufbau, zur Gliederung des Briefes und zur einheitlichen Gestaltung Ihrer Botschaft wissen sollten. Im zweiten Teil finden Sie Musterbriefe, die Sie auf dem Weg zur wirkungsvollen schriftlichen Kommunikation begleiten und zur eigenen Kreativität anregen sollen.

2 Die Bedeutung der Korrespondenz

„Der Kunde steht im Mittelpunkt aller Unternehmensanstrengungen", so wird immer wieder behauptet. Aber wird diese wichtigste Ressource Kunde in einem Land, das wenig Ressourcen hat, auch so behandelt?

Eine Seite DIN A 4, die – ganz gleich, auf welche Art sie erstellt wurde – als Kommunikationsmittel zur Post gegeben wird, kostet heute durchschnittlich mindestens 80,00 EURO. Und es kann nicht sein, dass diese Art der Kommunikation keine oder eine nur sehr schwache Wirkung erzielt.

Neue Stilmittel der Korrespondenz

Warum vermeiden wir in der schwächsten Form der Kommunikation nicht endlich das Papier- oder Kanzleideutsch? Immer noch sind die Menschen am Arbeitsplatz der Meinung, sie müssten sich einer völlig anderen Sprache bedienen, sobald sie den „Bleistift" in die Hand nehmen. Selbstverständlich müssen wir die Schwächen des mündlichen Ausdrucks, die ohne Zweifel vorhanden sind, vermeiden. Behalten aber müssen wir die guten Eigenschaften des gesprochenen Wortes.

Wer lebhaft spricht, spricht in kurzen Sätzen, er bevorzugt das Verb und nicht das Substantiv. Er wählt klare, deutliche Ausdrücke und verwendet unbewusst all jene Stilmittel, die seinem Anliegen Kraft geben, also die Frage, den Ausruf, die Bitte und das Dankeschön. Diese Vorzüge des gesprochenen Wortes auch in der schriftlichen Kommunikation einzusetzen, wären ein Segen für jedes Firmenschreiben.

Die richtige Außendarstellung – die „Außenpolitik" einer Firma – wird mit Füßen getreten, wenn wir auch weiterhin in der Obrigkeitssprache korrespondieren. Dieser Eindruck wird noch dadurch verstärkt, dass der andere – wenn er meinen Brief liest – allein ist. Jetzt kann ich, auch wenn ich noch so gut geschult bin und um die psychologisch richtige Gegenargumentation weiß, verbal oder nonverbal nicht gegensteuern. Entweder wird die Aussage im Brief richtig „empfangen", das Vertrauensverhältnis positiv verstärkt, oder aber die Information kommt falsch an. Das kann im Extremfall dazu führen, dass ein positiver Verstärker entzogen und damit die Entscheidung des Kunden für das Produkt dieser Firma und für diese Firma in Frage gestellt wird.

„In der Kürze liegt die Würze"

Außerdem bringen wir oft „sicherheitshalber" mehr zu Papier, als zur Übermittlung des Sachverhalts wirklich erforderlich ist. Wir greifen auf das Rohmaterial zurück, das wir gespeichert haben, und schütten es – oft ungeordnet und viel zu umfangreich – vor unserem Leser aus. Dieser Schwäche können wir im persönlichen Gespräch oder am Telefon nicht nachgeben. Der Gesprächs- oder Telefonpartner würde mich unterbrechen, würde er erleben, dass ich zum „Faselhans" oder „Zungendrescher" werde.
Warum haben wir nicht den Mut, einfach so zu schreiben wie wir sprechen? Lassen wir Überflüssiges und Selbstverständliches weg, verbannen wir alte Zöpfe, sagen wir kurz, knapp und präzise das, was der andere wissen sollte. Ein klares „Nein" ist wertvoller als jede umständliche Ablehnung. Benutzen wir einfache Worte, verzichten wir auf unnütze Phrasen, vermeiden wir unnötige Nebensätze, verwenden wir aktive Verben und schreiben wir einen persönlichen Stil.

2

Ihr Brief muss eine einzige, in sich stimmige Aussage bilden. Wenn Sie das beherzigen, zwingen Sie sich, konkret zu sein. Das wird sich ganz stark auf die Zugkraft Ihrer Botschaft auswirken, denn Konkretes übertrifft Allgemeines. Konkretes verkauft sich gut, Allgemeines nicht. Und der eigentliche Zweck Ihrer Botschaft ist, den Leser dazu zu bringen, auf die Botschaft positiv zu reagieren.

„Worte verwunden leichter als sie heilen", so wird gesagt, insbesondere dann, wenn sie zu Papier gebracht werden. Ändern Sie das. Wir sagen Ihnen wie.

Die Anrede und die Einstimmung 3

Welche Anrede nutzen Sie? Doch ganz bestimmt „Sehr geehrte Frau ..." oder „Sehr geehrter Herr ...". Und das ist gut so. Denken Sie nur an das Bewerbungsschreiben, denken Sie an ein Glückwunschschreiben zur Geschäftseröffnung und denken Sie an das Beileidsschreiben. Eine andere Anrede wäre unpassend.

Die zeitgemäße Anrede

Ist diese Anrede aber in der Masse der Briefe, die Ihr Haus verlassen, also in der Korrespondenz, mit der Sie den Bestand pflegen oder erweitern, mit der Sie einen Auftrag bestätigen, eine Reklamation behandeln oder eine Kündigung bearbeiten, im „Alltagsgeschäft" also, noch zeitgemäß?
Fragen wir uns wieder, wie wir sprechen. Wie begrüßen wir unseren Geschäftspartner im persönlichen Gespräch, wie im Telefonat? Richtig, mit „Guten Tag". Warum also im Tagesgeschäft der Korrespondenz nicht auch „Guten Tag ..." schreiben? Diese Anrede ist zeitgemäß, sie beweist Nähe, und die will ich doch. Sicher, wir wissen um ganz bestimmte Personen, die auf Klima und Atmosphäre in der Kommunikation besonderen Wert legen. Die einfach noch nicht so weit sind, diese Anrede zu akzeptieren. Und das zu Recht, denn „Erwartungen prägen ihr Verhalten". Das soll auch so bleiben.
Untersuchungen aber haben ergeben, dass es lediglich 8% der Briefempfänger sind, die „Guten Tag" noch nicht akzeptieren. Die anderen – also 92% – begrüßen eine Beweglichkeit, ein Entstauben in der Korrespondenz. Und dazu gehört auch die Anrede.
Gibt es Alternativen? Sicher. So sollten wir vielleicht einmal überlegen, ob der jüngere Mensch nicht auch das „Hallo" annehmen würde.

3

Immer mehr ausländische Firmen erobern den deutschen Markt, immer mehr Konsumenten sind sehr jung. Und diese Kunden werden ganz „locker" begrüßt und behandelt. Und sie lassen es auch zu. Also auch in der Korrespondenz demnächst ein
„Hallo"?
Beobachten wir den Markt noch zwei bis drei Jahre. Die hausinterne Korrespondenz vieler Unternehmen lebt auch jetzt schon vom „Hallo". Hier wäre es undenkbar, eine andere Anredeform zu nutzen. Das Eis beginnt also zu schmelzen.
Eine weitere Alternative wäre „Liebe Frau ..." oder „Lieber Herr ...". Das können Sie sich nicht vorstellen? Lassen Sie sich überzeugen.

Kundendienst mit persönlicher Atmosphäre

Denken Sie einmal an den Kundendienst eines ganz bestimmten Hauses. Herr Gärtner – so nennen wir ihn einfach – betreut Ihre Familie seit vielen Jahren. Er kennt Sie mittlerweile sehr gut, Sie kennen ihn sehr gut. Sie haben sich schon sehr oft persönlich „erlebt". Unser Herr Gärtner wird wie selbstverständlich weder „Sehr geehrte/r ..." noch „Guten Tag ..." nutzen.
Warum nicht? Zu Beginn der Zusammenarbeit schrieb er Sie sehr förmlich an. Sie spürten, dass ein Geschäftspartner dem Geschäftspartner schrieb. Man schätzte den Kunden – selbstverständlich auch heute noch –, der für eine gute Ware gutes Geld zu zahlen bereit war. Klima und Atmosphäre in ganz besonderer Art waren zu spüren.
Mit der Zeit lernten Sie sich kennen, Sie sprachen auch schon mal über andere Dinge des täglichen Lebens, und auf einmal war das „Guten Tag" geboren. Jetzt spürten die Partner, dass ein Mensch dem

Menschen schrieb. Das Miteinander war menschlich geworden, es war nicht mehr steif und nur geschäftlich.
Und da diese Dinge des täglichen Lebens zwangsläufig im Familiären münden mussten, Sie sich immer mehr zu schätzen begannen, entstand wie selbstverständlich das „Liebe/r ...".
Das persönliche Gespräch würde in dieser Situation vielleicht – vergleichen wir es wieder damit – ohne Sakko und mit hochgekrempelten Ärmeln geführt werden. Auch hier besteht dann ein besonderes Vertrauensverhältnis, auch hier ist uns der Gesprächspartner sehr vertraut. Ansonsten würden wir ein insgesamt korrektes – und damit vielleicht konservatives – Verhalten beweisen, wir würden diese lockere, menschlichere Art nicht zulassen.
Ist mein Ansprechpartner unbekannt, bleibt als Anrede auch weiterhin nur „Sehr geehrte Damen und Herren". Hinter die Anrede setzen wir – so sehen es der Duden und die Regeln des Deutschen Instituts für Normung vor – ein Satzzeichen, ein Komma. Andere machen es so, also auch wir.

Der Aufbau eines Sympathiefeldes

Ein Komma bedeutet in den Sprachregelungen, dass wir gleich „danach" weiterschreiben könnten. Die nächste Zeile oder eine Leerzeile zu nutzen, ist normalerweise nicht logisch. Dennoch wollten wir die Anrede vom Text absetzen. Hieraus folgt, dass der Anfang des ersten Wortes im ersten Satz dann kleingeschrieben wird. Und das gilt es zu ändern.
Warum und wie? Das persönliche Gespräch beginnt mit einem Entree, das heißt, der andere gewinnt einen ersten Eindruck, für den es bekanntlich keine zweite Chance gibt. Anders ausgedrückt „bauen"

wir zu Beginn ein Sympathiefeld für uns und unsere Sache auf, wir stimmen den anderen ein, „Ja" zum Gespräch mit uns zu sagen. Danach ist der Weg frei für einen überzeugenden Dialog, für die Darstellung des Sachverhalts.

Ein guter Verkäufer weiß um die Wichtigkeit dieser Einstimmung. Er bereitet sich sorgfältig vor, er denkt nicht nur an die Kleidung, die Haltung und das Auftreten, er formuliert auch die ersten Sätze vor, mit denen er einstimmen wird. Haben die Partner dann erst einmal Platz genommen, läuft die Kommunikation meist von allein.

Nehmen wir den Erstkontakt und bleiben wir noch ein wenig beim persönlichen Gespräch. Der Anzug sieht korrekt aus, das Sakko ist zugeknöpft, der Kragen des Hemdes sauber, auch der Kragenknopf ist zugeknöpft, die Hose ist gebügelt und die Schuhe sind geputzt. Übertrieben? Mag sein. Aber bedenken Sie: Wenn ich im Erstkontakt fast alles richtig mache, steigt bekanntlich meine Chance, zum Verkaufserfolg zu kommen. Wie nun sieht es in der Korrespondenz aus? Lebt unser Brief von einem Entree, von einer Einstimmung? Oder ist es – wie auch schon vor 40 Jahren – lediglich eine Einleitung?

Wir alle erinnern uns an die 70er Jahre: „... wir bestätigen mit bestem Dank den Erhalt Ihres Schreibens vom ..., mit dem Sie uns mitteilen ...". Ist es immer noch übertrieben, wenn wir von einem Entstauben der Korrespondenz sprechen? Beim Lesen dieses Satzes doch bestimmt nicht. Es wurde empfohlen, den Erhalt zu bestätigen und die Inhalte des Kundenbriefes zu wiederholen, um dann darauf einzugehen.

Die gute Einstimmung

Wie nun ändern wir das? Nehmen wir ein anderes Beispiel. Unterstellen wir, der erste Satz lautet „vielen Dank für Ihr Schreiben". Ganz bestimmt schon eher eine Einstimmung, ein Entree. Und doch gefällt uns das kleingeschriebene „v" des ersten Wortes nicht. Verglichen mit dem persönlichen Gespräch könnte es der geöffnete Kragenknopf sein, der die Einstimmung ein wenig schwächer erscheinen lässt. Vielleicht stört es uns im persönlichen Gespräch nicht. Aber wie sieht es der andere? Und ist es so abwegig, zu behaupten, das „V" – großgeschrieben – würde das schwächste Kommunikationsmittel stärken? Kommen wir darüber nicht zu einer dem persönlichen Gespräch ähnlichen Einstimmung, die den anderen eher veranlassen könnte, „ja" zum folgenden Text zu sagen? So, wie er im Gespräch – Sie erinnern sich – „ja" zum weiteren Gesprächsverlauf sagt?

Sie fragen sich immer noch, wie das gehen soll? Ganz einfach. Wir streichen das Komma hinter der Anrede, wir setzen gar kein Satzzeichen mehr. Laut Duden wird das Komma nur „üblicherweise" gesetzt. Aber muss es auch sein? Machen wir etwas falsch, wenn wir kein Satzzeichen setzen? Bestimmt nicht. Lassen wir das Komma also weg.

Einige einstimmende Sätze und deren Wirkung:

Ausgangssituation 1: Ein Sparvertrag wird fällig. Sie erhalten von Ihrer Bank 20.000,00 DM.

Brief 1

Guten Tag Herr Gärtner

So schnell vergeht die Zeit ...

Brief 2

Guten Tag Herr Gärtner

Ihre Entscheidung für uns „zahlt" sich aus.

Ausgangssituation 2: Ihre Bewerbung wird nicht berücksichtigt.

Brief 1

Guten Tag Herr Gärtner

„Nein" zu sagen ist oft schwer.

Brief 2

Guten Tag Herr Gärtner

Ihre Bewerbung haben wir mit großem Interesse gelesen.

Ausgangssituation 3: Sie kündigen Ihre Hausratversicherung.

Brief 1

Guten Tag Herr Gärtner

Schade, dass Sie kündigen.

Brief 2

Guten Tag Herr Gärtner

Haben Sie sich diesen Schritt auch gut überlegt?

„Schreibe, wie du sprichst", ist die Maxime. Sprechen wir so? Ja, könnte sein? Sehen Sie. Indem wir so, wie wir reden, auch schreiben, stärken wir das schwächste Kommunikationsmittel. Stimmen wir den Briefempfänger ein, „ja" zum folgenden Text zu sagen! Über einen ersten Satz, den er „annimmt". Er denkt: „ja", so lasse ich mit mir reden. Und liest dann eher mit Interesse weiter. Verbunden mit einer zeitnahen Anrede beginnen wir den Brief zu entstauben. Denn zu diesen „anderen ersten Sätzen" passt nur „Guten Tag ...", oder?

Und noch etwas: Wie von selbst verschwinden dann altbackene Einleitungen, verschwinden erste Sätze, die keine Begeisterung, kein Interesse am Brief und damit eventuell kein Interesse am Absender mehr erzeugen.

Und das ist es, was diese Zeit auch von uns fordert. Das Interesse an uns, an der absendenden Gesellschaft, muss sich wie ein roter Faden durch den Brief ziehen. Unser Brief enthält eine Botschaft, ohne aufdringlich zu wirken. Denn jeder Brief ist immer auch ein Stück Werbung, egal, ob es um den neuen Kunden oder den Bestandskunden oder um denjenigen geht, der morgen unser Kunde werden könnte. Wie von selbst verschwinden Briefanfänge mit „leider", „zu unserem großen Bedauern" und „wir".

Einverstanden?

4 Die Botschaft

Nach der Einstimmung beschäftigen wir uns nun mit der Botschaft des Briefes. Hierzu skizzieren wir schematisch den Aufbau eines Briefes:

1. Das Motiv — Warum schreiben wir?
2. Die Ausgangslage — Der *Ist*-Zustand
   Wir erläutern die Sachlage
3. Die Ausführung — Wie sind die Tatbestände?
   Wir leiten die Konsequenzen ab und beweisen sie
4. Die Folgerung — Partnerbeziehung aufnehmen
   Was geht es den Partner an?
5. Die Forderung — Der *Soll*-Zustand
   Was erwarten wir vom Partner?
6. Die Schlussformel — Der positive Schluss-Satz

Wie die Einstimmung bisher aussah und wie sie sich verändern lässt, wurde eben behandelt. Wie entstauben wir nun die Botschaft? Wir schreiben künftig kurze Sätze, denn kurze Sätze versteht der Empfänger leichter und sie werden gern gelesen. Kurze Sätze – nicht mehr als zwölf Wörter je Satz – führen zwangsläufig zu einem kürzeren Brief, vorausgesetzt, ich konzentriere mich auf das Wesentliche.

In der Kürze liegt die Würze

Das aber erfordert Zeit, Zeit, die ich mir im Interesse des Empfängers nehmen muss. Denn wie schrieb schon Goethe an seine Schwester? „Da ich keine Zeit habe, dir einen kurzen Brief zu schreiben, schreibe ich dir einen langen Brief".

Ja, es ist schwieriger und zeitintensiver, sich präzise auszudrücken, als umständlich und in langen Sätzen zu korrespondieren.

Als Nächstes tauschen wir das Substantiv – wo immer möglich – gegen das Verb aus. Der Brief liest sich lebendiger, liest sich so, als würden wir miteinander reden. Schließlich funkte Cäsar nach seinem Sieg bei Zela nicht nach Rom: „Nach Erreichung der hiesigen Örtlichkeiten und Besichtigung derselben war mir die Erringung des Sieges möglich," sondern „Ich kam – ich sah – ich siegte."

So verstehen wir Kommunikation! Der schlechtformulierte Satz beweist noch ein Zweites: Er enthält Substantive, die mit „-ung" enden. Zuviele dieser Substantive sollten Sie nicht setzen.

Dann denken wir an den Empfänger, nicht an uns. Und deshalb gilt es, das „Sie" zu favorisieren.

Botschaften: alt und „entstaubt"

Brief 1

Wir wären Ihnen dankbar, wenn Sie uns darüber Mitteilung machen würden, wann Sie in München ankommen, da wir beabsichtigen, Sie vom Bahnhof abzuholen.

Abgesehen von der verstaubten Art beginnt der Satz mit „Wir". Er enthält das Substantiv „Mitteilung" und das schlechte Wort „machen". Darüber hinaus ist der Satz zu lang. Außerdem sollten wir endlich dem Fragesatz wieder eine Chance geben. Denn, „wer fragt, der führt, und wer führt, gewinnt". Wir erinnern uns wieder an das persönliche Gespräch. Besser also so:

Wann kommen Sie in München an? Wir werden Sie vom Bahnhof abholen.

4

Brief 2

Wir möchten Sie darauf hinweisen, dass die Teile nicht zu unserem Modell passen.

Der Wettbewerb ist knallhart geworden, deshalb auch knallhart korrespondieren. Oder, anders formuliert, ohne sich zurückzunehmen. Warum „möchte" ich darauf hinweisen? Warum weise ich nicht gleich darauf hin? Dass es sich um unser Modell handelt, ist doch selbstverständlich und muss nicht erwähnt werden. Außerdem gehört das schon in die Bezugszeichenzeile, auf die wir noch eingehen werden. Also lieber so:

Die Teile passen nicht.

Brief 3

Wir wären Ihnen dankbar, wenn Sie uns diesbezüglich anrufen würden.

Nein, so sprechen wir nun wirklich nicht, oder? Lieber so schreiben, wie du sprichst, also:

Bitte rufen Sie uns an. Dankeschön.

Brief 4

Wir sehen Ihrem geschätzten Auftrag entgegen.

Hier lautet die geschicktere Formulierung:

Werden Sie uns beauftragen? Vielen Dank.

Der letzte Eindruck 5

Wir sind uns einig darin, dass der Brief aus drei Teilen besteht, wenn wir nur den Text sehen. Der erste Teil ist die Einstimmung, das Entree oder vielleicht sogar die Ouvertüre der Korrespondenz. So, wie der Dirigent jedes Instrument auf den Grundton einstimmen lässt, damit das Konzert ein Erfolg wird, stimmen wir den freundlichen Kunden (die Violine) und den aggressiven Kunden (den Bass) auf einen Grundtenor ein.

Der zweite Teil behandelt den eigentlichen Briefzweck, denn wir schreiben ja nicht ohne Grund.

Ein Schluss mit Aufforderungscharakter

Und was für den ersten Eindruck gilt – es gibt keine zweite Chance – gilt gleichermaßen auch für den letzten Eindruck. Damit ist der dritte Teil, der Abschluss des Briefes gemeint, in dem zum Handeln aufgefordert wird. Zum Handeln? Oft bestätigen wir doch nur, was der andere gebucht hat? Einverstanden! Aber auch hier wird der letzte Satz seine Wirkung erzielen, dann nämlich, wenn dieser Kunde uns weiterempfiehlt, weil er mit uns zufrieden ist.

Häufiger aber fordern wir vielleicht ein Dokument, einen Vordruck oder weitere ergänzende Unterlagen an. Oder wir kündigen den Besuch des Handwerkers, des Firmenvertreters, des Kundendienstes an. Oder wir fordern zur Zahlung auf, kündigen gar die Zwangsvollstreckung an.

Von diesen Situationen ausgehend müssen wir einen positiven Schlusssatz formulieren. Dann wird die Unterlage eher zugeschickt, dann freut sich der Korrespondenzpartner eher auf den Besuch der angekündigten Person, dann zahlt der Kunde eher, dann vermeidet er vielleicht im letzten Augenblick doch noch das Schlimmste.

5

Natürlich gibt es auch Situationen, in denen ein positiver Schlusssatz nicht passt. Denken Sie zum Beispiel an die fristlose Kündigung eines Mitarbeiters. Je nach Kündigungsgrund könnte vielleicht gerade noch ein „Für die Zukunft wünschen wir Ihnen alles Gute" angebracht sein. Dann sollte unser Brief aber auch so enden.

Ist der positive Abschluss nicht möglich, endet unser Brief mit der Abhandlung des Sachverhaltes.

Verschiedene Ausgangssituationen mit dazu passenden positiven Schlusssätzen

Sachverhalt 1: Wir wollen, dass der Kunde sofort antwortet.

Werden Sie uns gleich antworten? Dann sagen wir schon jetzt vielen Dank.

Sachverhalt 2: Wir wollen, dass der Kunde uns bucht.

Ihr Interesse bedeutet für uns Ansporn und Verpflichtung. Bitte nehmen Sie uns beim Wort.

Sachverhalt 3: Wir wollen, dass der Kunde uns beauftragt, die Reparatur durchzuführen.

Ihr Problem zu kennen ist unser Beruf, Ihr Problem zu lösen unsere Aufgabe.

Sachverhalt 4: Wir wollen, dass der Kunde die Zwangsvollstreckung vermeidet.

Wollen Sie wirklich, dass wir vollstrecken? Doch ganz bestimmt nicht.

Weitere Möglichkeiten:

Vielen Dank für Ihr Vertrauen.

Danke, dass Sie uns verstehen.

Werden Sie uns berücksichtigen? Wir freuen uns.

Haben wir die Korrespondenz bis hierher schon ein wenig entstaubt? Ja? Dann sind Sie bestimmt einverstanden, wenn wir einen Brief „anderer Art" vorstellen, und zwar von der Anrede bis zum positiven Schlusssatz. Nehmen wir beispielsweise die Erinnerung an die Erledigung einer Angelegenheit.

Mit Recht machen Sie darauf aufmerksam, dass wir einen ganz wichtigen Baustein bislang nicht angesprochen haben, nämlich die Bezugszeichenzeile, die Überschrift des Briefes. Hierauf gehen wir noch ein. Und nun zu unserem Musterbrief:

Guten Tag Herr Gärtner

Haben Sie uns vergessen? Nein? Dann antworten Sie bitte bis zum 15.02..

Dankeschön.

Grußformel

Sie sind erstaunt? Ja, so kurz – knapp – präzise geht es, und es wurde alles gesagt. Im Bezug steht schon, worum es geht, beispielsweise erwarten wir eine Antwort. Sind Sie mit der Anrede einverstanden? Dankeschön. Das meinen wir auch. Wir arbeiten dann mit einem Fragesatz, denn – wir wissen es schon – „wer fragt, der führt", auch in der Korrespondenz. Sie würden allerdings dem Fragesatz sehr viel von seiner „Kraft" nehmen, würden Sie das „H" des Wortes „haben" kleinschreiben.

Jetzt allerdings erleben Sie etwas Neues. Selbstverständlich hat der Briefempfänger uns nicht vergessen. Und dementsprechend reagiert er auch beim Lesen des Briefes. Er schüttelt – für uns unsichtbar – den Kopf, und gibt damit nonverbal zu erkennen, dass er uns nicht vergessen hat.

Psychologische Elemente in der Korrespondenz

Er war zeitlich einfach noch nicht in der Lage, uns zu antworten. Und nun bringen wir genau dieses „Nein", also seine nonverbale Kommunikation, zu Papier. Dann arbeiten wir mit einem positiven Verstärker, indem wir das „Nein" mit einem Fragezeichen versehen. Und zeigen damit – jetzt unsichtbar für den Briefempfänger –, dass wir ihm das auch nie unterstellen würden. Genau das nämlich signalisiert das Fragezeichen. Ja, die Korrespondenz enthält – wie das persönliche Gespräch – Bausteine, die psychologisch wirken. Nur dann erzielen wir die Wirkung, die wir erzielen wollen und müssen. Danach ist der Weg frei zur ultimativen Aufforderung, doch bitte bis zum 15.02. zu antworten. Und dafür, dass er antworten wird, bedanken wir uns. Fassen wir zusammen:

„Guten Tag Herr Gärtner" ist eine zeitnahe Anrede.
„Haben Sie uns vergessen? Nein?" sehen wir als Einstimmung, als En-

tree in den Sachverhalt an, verbunden mit einem positiven Verstärker.

„Dann antworten Sie bitte bis zum 15.02." ist das *Soll*,

„Dankeschön." dann der positive Schluss.

Damit ist der Brief ein Weg vom *Ist* zum *Soll*.

Der Briefempfänger hat bis heute nicht geantwortet, er soll antworten, denn nur dann können wir – auch in seinem Interesse – weiterarbeiten.

6 Die Grußformel

Selbstverständlich wird unter den Brieftext im Anschluss an den üblicherweise positiven Schlusssatz ein Gruß geschrieben. Bis 1971 lautete dieser Gruß „Hochachtungsvoll". Bewiesen wir tatsächlich eine hohe Achtung? Oder nutzten wir nur eine Art Floskel?

Kanzleideutsch und innovative Korrespondenz

Auf jeden Fall war 1971 ein für die Korrespondenz interessantes Jahr. Briefe wurden damals völlig umgestaltet. Anrede und Grußformel, die man vorher rechts im Briefbogen geschrieben hatte, wurden nun mit dem Rest der Briefe linksbündig gesetzt.
Das Ausrufezeichen hinter der Anrede wurde vom Komma abgelöst, das erste Wort demzufolge kleingeschrieben. Aus dem „Hochachtungsvoll" am Ende des Briefes wurde „Mit freundlichen Grüßen".
Auch die Post blieb nicht untätig. Von 1972 an musste man in der Anschriftengestaltung erst die Straße und dann den Ort schreiben. Bis dahin war es umgekehrt gewesen.
Nicht unerwähnt darf bleiben, dass damals fast jeder Brief mit „In der Erwartung, Ihnen hiermit gedient zu haben, verbleiben wir mit ..." endete. Warum nur schrieben die Briefpartner damals so?
„In der Erwartung" war und ist – wenn es denn heute überhaupt noch geschrieben wird – Kanzleideutsch. Und „dienen" bedeutet, sich dem anderen unterzuordnen. Müssen wir das? Selbstverständlich dienen wir zum Beispiel dem Kunden. Das aber kommt durch andere Handlungen zum Ausdruck, durch das „kundenbewusste Verhalten". Unser Ziel ist es, den anderen spüren zu lassen, ein „Freund habe dem Freund" geschrieben. Und dazu passt dieser verstaubte Briefabschluss heutzutage nicht mehr.

Diejenigen, die sich über das „hochachtungsvoll" Gedanken machten, verzichteten dann auch schnell auf diesen Schlusssatz und es blieb „mit freundlichen Grüßen" übrig. Ging der Schlusssatz vorher in die Grußformel über, stand die Grußformel jetzt für sich allein. Nur das Wort „mit" beweist weiterhin eine Verbindung zum Brieftext.

Neue Grußformeln

Selbstverständlich suchen wir auch hier eine Grußformel, die – wie bei der Anrede „Guten Tag ..." – unter den größten Teil der Geschäftskorrespondenz passt. Und dazu gehören sowohl Briefe zum „angenehmen" wie zum „unangenehmen" Sachverhalt. Unangenehme und heikle Situationen sprechen aber erst recht das Gefühl an und bewirken nicht selten, dass gefühlsbetont reagiert wird. Passt die Grußformel „mit freundlichen Grüßen" unter den unangenehmen Sachverhalt? Nein? Aber warum nicht?
Richtig, weil wir über das Wort „mit" eine Verbindung zum Brieftext herstellen. Habe ich im Text mit klaren und vielleicht sehr harten Formulierungen sanktioniert, darf ich in der Grußformel über das Wort „mit" nicht ironisch werden. Aber genau so könnte mein Kommunikationspartner empfinden.
Zurück zu „Hochachtungsvoll"? Nein, ganz bestimmt nicht. Vielleicht hat uns der andere belogen, betrogen, sich durch unwahre Angaben einen Vorteil verschafft, und deshalb sollte ich ihm eine „hohe Achtung" beweisen?
Ja, so schwer ist es, durch das geschriebene Wort nicht zu verletzen, sich selbst nicht lächerlich zu machen, sich selbst nicht unglaubwürdig erscheinen zu lassen.

Deshalb bleibt nur die Grußformel „Freundliche Grüße". Und diese Grußformel passt dann tatsächlich unter den größten Teil der Geschäftskorrespondenz, unter den positiven und den negativen Sachverhalt. Auch dann, wenn der andere Sanktionen herausgefordert hat, wir also ganz hart kommunizieren müssen, ist am Ende dieser Kommunikation ein freundlicher Gruß möglich. Ein so genanntes „und nun gehen Sie Ihrer Wege", nachdem der Schlagabtausch wieder zu einem Gleichgewicht geführt hat.

Abstand zum Empfänger?

In sehr persönlichen Situationen empfiehlt es sich sogar, ganz auf die Grußformel zu verzichten. Formulieren Sie einen positiven Schlusssatz und unterschreiben Sie gleich danach. Vielleicht versehen Sie die Unterschrift mit Ihrem Vornamen und dem persönlichen „Ihr Klaus Gärtner / Ihre Sieglinde Gärtner".
Verstehen wir uns bitte nicht falsch. Sollte Ihnen nach der „hohen Achtung" sein – Sie selbst wissen, wann das angebracht sein könnte –, dann nutzen Sie bitte „Hochachtungsvoll" als Gruß.
Unsere Kritik betrifft nur die Korrespondenten, die zu dieser Grußformel mit der Begründung greifen, „Abstand zum Empfänger" beweisen zu wollen, weil sie ihm einen negativen Sachverhalt mitteilen müssen. Und das kommt beim Briefempfänger nicht an, zumindest dann nicht, wenn er die Sprache liebt.
Die Bewerbung oder ein Angebot können Sie „mit freundlicher Empfehlung" abschließen. Auch diese Grußformel ist eine sehr gute Alternative, aber eben nicht für die Masse der Korrespondenz.
In der jeweiligen Situation die richtige Ansprache, Anrede und Gruß-

formel zu nutzen, führt dann zu der einzigen in sich stimmigen Aussage des Briefes, von der wir am Anfang geschrieben haben.

7 Die Bezugszeichenzeile

Die Bezugszeichenzeile ist die Überschrift des Briefes. In ihr steht all das, was der Empfänger wissen muss, um unseren Brief sofort richtig einordnen zu können. Kann er das denn nicht ohne weiteres?
Sicher, wenn wir an uns als Privatperson denken, dann schon. Wie geht es aber dem Firmeninhaber, dem Kaufmann, der Geschäftsleitung eines Hauses? Der Person also, die nicht nur ein bis drei Briefe am Tag erhält?
Für diesen Personenkreis ist die „Überschrift des Briefes", die Bezugszeichenzeile ganz wichtig. Und wenn sie ausführlich gehalten ist, werde ich den Brief sofort richtig einordnen können.
Was aber steht im Bezug? Zum Beispiel das Datum des Briefes, auf den ich antworte, die Kundennummer, die Rechnungsnummer, die Versicherungsnummer, der Verkaufstermin, auf den ich mich beziehe, die Reklamation, auf die ich antworte.
Aber nicht nur das. Auch meine Telefonnummer, meine Faxnummer und das Datum des Briefes gehören normalerweise in diese Zeile. Viele Unternehmen sind inzwischen allerdings dazu übergegangen, diese Angaben in einem gesonderten Block im Briefbogen aufzuführen.

Wer ist Ansprechpartner?

Ganz wichtig ist der Hinweis auf die Person, die für den Briefempfänger der Ansprechpartner ist. Sie erinnern sich? Lange Zeit erschien in dieser Zeile „Unser Zeichen". Das schreiben Sie immer noch? Warum? Interessiert den Briefempfänger wirklich Ihr Zeichen? Das für den Empfänger Wichtigste gehört an den Anfang des Briefes. Darauf wies in den 60er Jahren schon Professor Schirm hin, der auch heute noch als Kapazität in allen Fragen der Korrespondenz gilt.

Schließlich geht es um Kommunikation. Und hier gilt, dass „der Köder dem Fisch und nicht dem Angler schmecken muss". Den Köder aber lege ich zu Beginn aus. Oder angeln Sie anders? Wenn nicht, dann gilt das auch für die Kommunikation.

„Unser Zeichen" verschwindet also ganz oder aber wir bringen es an anderer Stelle des Briefbogens an. In die Bezugszeichenzeile jedenfalls schreiben wir künftig „Ihr Ansprechpartner" oder „Es schreibt Ihnen". „Ja", denkt mein Briefempfänger, „das interessiert mich". An wen darf ich mich wenden, wenn ich Rückfragen habe?

Und da unsere Korrespondenz beweglicher werden soll, da wir sie entstauben wollen, nennen wir den Ansprechpartner mit Vor- und Familiennamen. Wir verzichten dabei auf Frau und Herr, um ein besonderes Vertrauensverhältnis zu beweisen.

Das Briefdatum – altertümlich und innovativ

Behandeln wir an dieser Stelle gleich das Briefdatum, das üblicherweise auch in der Bezugszeichenzeile erscheint oder erscheinen kann. Ersparen wir es uns, die vielen verschiedenen Schreibweisen des Datums aufzuzeigen. Es gibt nämlich nur eine, die richtige Schreibweise. Es ist schon bewundernswert, wie kreativ sich die Unternehmen gerade hier zeigen.

Wie wird das Briefdatum richtig geschrieben? Ist unser Firmensitz beispielsweise Hamburg, ist es überflüssig, „Hamburg" voranzustellen. Wir verzichten – Sie erinnern sich – auf das Selbstverständliche, wir erwähnen nur das Wesentliche. Und „Hamburg" ist selbstverständlich. Wenn ich auf den Ort verzichte, muss ich zwangsläufig auch auf das Wort „den" verzichten. Übrig bleibt nur das Datum.

7

„Schreibe, wie du sprichst". Ja, wie sprechen wir? Sagen wir zum Freund „Rufe mich bitte am 6. August an!"? Oder sagen wir „Rufe mich bitte am 6.8. an!"? Die meisten Menschen – so eine Untersuchung – nennen eine Zahl, keinen Monatsnamen.

Richtig wäre also, „6.8.2000" zu schreiben. Nun ist der Mensch aber ein Augenwesen, er liebt das Bild. Und dieses Bild ist für ihn nur dann „rund", wenn wir 06.08.2000 schreiben, wir also „aus-nullen". Einverstanden? „Nicht ganz", werden Sie antworten. Denn wenn „Hamburg, den" schon selbstverständlich ist, dann ist auch die „20" vor der Jahreszahl selbstverständlich. Ein anderes Jahrhundert kann es nicht sein. Dann müssten wir das Datum „06.08.00" schreiben.

Falsch, seit Mai 1996 nicht mehr. Wir orientieren uns jetzt an der internationalen Norm. Und die ist sehr gewöhnungsbedürftig. Drei Möglichkeiten werden uns angeboten. Wir können uns für die Basisversion, die erweiterte Version oder aber die verkürzte Version entscheiden.

Drei Varianten für das Datum

Was verstehen wir darunter? Die Basisversion nennt an der ersten Stelle die vollständige Jahreszahl, danach schreiben wir ohne Zwischenraum den Monat und dann den Tag in Zahlen, also 20000806. Die erweiterte Version bietet uns den Gedankenstrich zwischen Jahreszahl, Monat und Tag an. Wir schreiben 2000-08-06. Und bei der verkürzten Version lassen wir wiederum die „20" vor der Jahreszahl weg und schreiben 00-08-06.

Sie rebellieren? Ohne Grund, so meinen wir. Denn wenn ein Firmeninhaber zum Beispiel eine Rechnung vom 12.02.94 einsehen will, wird er den Ordner „1994" ziehen, den Monat Februar aufschlagen und

dann erst unter dem 12. des Monats nachsehen. Ein Ablauf, der uns aus vielen Situationen bekannt ist. Oder legen Sie Ihre Kontoauszüge in anderer Reihenfolge ab?
Einige Unternehmen nutzen die Bezugszeichenzeile anders. Sie schreiben hier einen Spruch, der zum Sachverhalt passt, sie bringen ihr Bedauern über eine ganz bestimmte Entscheidung zum Ausdruck, sie bedanken sich für die langjährige Treue, wenn es angebracht ist.
Eine interessante Vorgehensweise. Sie bedeutet allerdings, dass ich dann zum Briefbeginn wieder Tatsachen schreiben muss, die dem anderen aufzeigen, worum es geht. Und damit verliert die Einstimmung an Kraft, was wir doch nicht wollen.

Korrespondenz als Element der Kommunikation

Inzwischen ist sicher deutlich geworden, dass auch oder gerade die Korrespondenz Kommunikation ist. Und in der Kommunikation entstehen immer auch Gefühle. Gefühle für den anderen zu entwickeln, ist die Voraussetzung, die darüber entscheidet, ob Kommunikation ankommt oder nicht.
Beachten Sie deshalb bitte folgende Grundregeln:
- Kommunikation ist immer Aufmerksamkeit und Energie. Deshalb sollten Sie durch Ihre Art der Kommunikation Aufmerksamkeit und Energie beim anderen entstehen lassen.
- Jede Kommunikation muss von der Sache her verstanden werden. Wir müssen klar und deutlich formulieren, und zwar immer auf dem Erkenntnisniveau des Kommunikationspartners. Das ist der Punkt, der darüber entscheidet, ob die Kommunikation Wirkung zeigt oder nicht.

7

- Die Kommunikation muss vom Gefühl her beim anderen ankomen. Wir geben uns also in der Sprache „annehmbar".
- Die Kommunikation muss harmonisch geführt werden. Klima und Atmosphäre, ohne die ein Ergebnis, ein Erfolg nicht erzielt werden kann, sind gefragt.

Wenn wir uns dieser einfachen Tatsachen und Wahrheiten nicht bewusst sind, wird die Kommunikation ein Problem bleiben.

Cartoon, Ich-Form und direkte Rede 8

Wir haben den Brief entstaubt. Wir haben ihm zumindest eine Ausdrucksweise gegeben, die ihn zeitnah und lebendig erscheinen lässt. Wir tragen keine Stehkragen und Ärmelschoner mehr und wälzen keine vergilbten Aktenberge. Wir schreiben so, wie wir – meistens – sprechen. Da ist es nicht verwunderlich, dass die Überlegungen zur Korrespondenz noch weitergehen. Warum dann nicht auch gleich „Neues" anbieten? Nicht nur entstauben, sondern modernisieren, für das neue Jahrtausend formulieren?
Überlegen wir, wie sich die seit langem schon genutzten grafischen Darstellungen in einer anderen Art in der Korrespondenz einsetzen lassen.

Cartoons zur Auflockerung

„Ein Bild sagt mehr als 1000 Worte", so hieß es schon bei Leonardo da Vinci. Beweisen wir uns, dass er Recht hatte. Eine Mahnung zum Beispiel, die nur aus einer schriftlichen Aufforderung zur Zahlung besteht, erzielt selbstverständlich eine Wirkung. Wie kommt es aber, dass der Briefempfänger die ihm in der Mahnung gesetzte Frist fast immer verstreichen lässt, bevor er zahlt?
Er lässt sich in dieser Situation vom Gefühl leiten. Sein Verstand – würde er ihn einschalten – würde ihm signalisieren, dass er eine Ware erhalten hat und für diese Ware nun endlich bezahlen muss. Das Gefühl aber sagt ihm – ganz menschlich –, „da hat mich jemand dabei ertappt, etwas versäumt zu haben". Und nun fordert er mich auf, das endlich nachzuholen, setzt mir eine letzte Frist. „Okay, dann bekommst du dein Geld, aber erwarte ja nicht von mir, dass ich auch nur einen Tag eher zur Post oder Bank gehe."
Wir verhalten uns wie ein Kind, das seine Schularbeiten nicht ge-

macht hat. Beim Kind sanktionieren die Eltern, bei der Mahnung sanktionieren wir, indem wir herausstellen, dass wir nach Ablauf der Frist gerichtliche Hilfe in Anspruch nehmen werden.

Diesen Sanktionen begegnet der Mensch ganz allgemein mit einer entsprechenden Trotzhaltung. Und diese Haltung wollen wir aufzuweichen versuchen. Wie? Versuchen wir es einmal mit einem witzigen Cartoon auf unserem Briefbogen. Einer gezeichneten Figur, die eine Zahlkarte in der Hand hält und auf dem Weg zur Post ist.

Ein Brief zum Schmunzeln

Wie würden wir als Briefempfänger reagieren? Richtig, wir würden schmunzeln. Und schmunzeln ist Wärme, und Wärme bringt das Eis zum Schmelzen.

Wir sagen uns, dass der, der uns so anschreibt, es selbstverständlich erwarten kann, dass wir eher handeln. Wirklich „rund" ist diese Vorgehensweise aber nur dann, wenn jetzt auch der Text passt. Verbinden wir das Cartoon mit altem Text, wird sie ihre Wirkung verfehlen. Und kennen wir solche gezeichneten Späße nicht schon aus anderen Situationen? Wir schalten zum Beispiel eine Anzeige zur Hochzeit, zur Geburt oder zum Firmenjubiläum häufig in Verbindung mit kleinen Cartoons. Wir werben für uns. Ja, oft nicht nur in Worten, sondern auch in Bildern. Aber verbunden mit dem entsprechenden Text. Überlegen Sie bitte selbst, in welchen Situationen Ihres Lebens, Ihres Arbeitsalltages, Ihrer ehrenamtlichen Tätigkeit witzige Zeichnungen angebracht sein könnten, damit Ihr Brief die Wirkung erzielt, die Sie erwarten. Gehen wir aber auch hiermit sparsam um, überziehen wir nicht. Nicht alles passt immer.

Die stärkste Art der Kommunikation

Eine zweite Möglichkeit, Briefe grundlegend neu zu gestalten, ist die Ich-Form. Gehen wir einmal davon aus, dass ein Kunde sein Anliegen persönlich mit uns diskutieren möchte und uns am Arbeitsplatz besucht. Wieder ist die stärkste Kommunikationsart, das persönliche Gespräch, gefragt. Wie sprechen wir nun miteinander? „Das prüfe ich für Sie", „das lasse ich entscheiden", „da frage ich meinen Kollegen", „Sie werden von mir hören". Die stärkste Kommunikationsart setzen wir noch wirkungsvoller ein, indem wir über das „ich, mir" persönlich kommunizieren.

Der Kunde ist zufrieden, er hat sich im Gespräch mit uns „wohl" gefühlt. Zwei Wochen später – so war es abgesprochen – erhält er Post von uns. Was schreiben wir? „Wir haben geprüft", „wir haben entschieden", „wir teilen Ihnen mit". Hat hier ein Mensch dem Menschen, ein Freund dem Freund oder nur ein Vertragspartner dem Vertragspartner geschrieben?

Richtig! Wieder einmal haben wir sehr förmlich „abgehandelt", worum es geht. Klima und Atmosphäre, das Gefühl, die Voraussetzung einer wirksamen Kommunikation, spielten wieder einmal keine Rolle.

Kommunikation von Mensch zu Mensch

„Es geht nicht anders", sagen Sie. Doch, ganz bestimmt. Sie wurden beispielsweise als Kauffrau oder Kaufmann ausgebildet. In diesem Beruf leisten Sie, was von Ihnen verlangt wird, und zwar verantwortungsbewusst. Dann können Sie doch auch Auskünfte oder Informationen, in denen Sie auf unternehmerische Entscheidungen nicht zurückzugreifen brauchen, im Brief in der „Ich-Form" schreiben, so wie Sie es im persönlichen Gespräch auch formulieren.

Überlegen Sie, nein, schreiben Sie einmal auf, in wie vielen Situationen, die in der Bestandspflege angesiedelt sind, dieses persönliche „Ich" möglich wäre. Natürlich können Sie nicht in der „Ich-Form" Computer für die Firma kaufen, rechtswirksam mahnen oder vielleicht sogar den Erlass eines Mahnbescheides beantragen. Aber auch hier geht es zumeist um das Alltagsgeschäft, in das Sie Ihr Wissen einfließen lassen, in dem Sie gefordert sind. Und dass Sie gefordert sind und sich zuständig fühlen, sollten Sie dann auch in der Korrespondenz beweisen. Mehrere Unternehmen praktizieren die „Ich-Form" übrigens schon seit einigen Jahren sehr erfolgreich.

Selbstgespräche als Anregung für den Briefstil?

Eine letzte, sehr revolutionäre Neuerung des Briefstils ist die direkte Rede. Stellen wir uns auch dazu eine Situation vor. Sie lesen in Ihrer Tageszeitung den Stellenmarkt. Eine Anzeige spricht Sie an, Sie spielen mit der Vorstellung, für diese Firma zu arbeiten.
Ist es abwegig zu behaupten, dass der Mensch in solchen oder ähnlichen Situationen nicht nur überlegt, sondern vielleicht für einen Augenblick Selbstgespräche führt? Bestimmt nicht! Und das, was ich dann ausspreche, könnte ich auch zu Papier bringen. Auf diese Weise entstand die letzte Neuerung, die „direkte Rede" in der Korrespondenz.
Wie also könnte der erste Satz aussehen? Nach einer formgebundenen Anrede, und zwar „Sehr geehrte/r ...", da wir es hier nicht mit einer Alltagssituation zu tun haben, schreiben wir: „Ja', habe ich mir beim

Lesen Ihrer Anzeige gesagt, ‚in diesem Unternehmen in dieser Position zu arbeiten, wäre bestimmt eine Herausforderung für dich.'" Denken wir an die Einstimmung zurück. Wir einigten uns darauf, dass der erste Satz einstimmen soll, „Ja" zum folgenden Text zu sagen. Er sollte positiv sein oder neugierig auf den dann folgenden Text machen.

Die Einstimmung zur Bewerbung in der direkten Rede ist sehr gewöhnungsbedürftig, aber erfolgreich, wie wir erfahren durften. Denn sie hebt sich aus der Masse hervor, macht neugierig, neugierig aber nicht nur auf den folgenden Text, sondern schon auf die Person, die das geschrieben hat.

Also werde ich sie zum persönlichen Gespräch einladen, oder? Ganz bestimmt eher als diejenigen, die sich „altbacken" in der Art „von gestern" präsentieren.

Zeitnahes Schreiben

Würden Sie in der direkten Rede korrespondieren? Nein, ganz bestimmt noch nicht? Sie sollten es aber probieren. Dann werden Sie demnächst feststellen, dass Sie zeitnah schreiben und zwar so, wie Sie sprechen. Und da Sie gut sprechen, werden Sie auch gut schreiben.

9 Unterschrift, „Übrigens" und Anlage

Selbstverständlich trägt der Brief eine Unterschrift. Und selbstverständlich wird sie sehr oft mit i.A., i.V. und ppa. versehen. Aber das wirkt steif. Dass wir auch weiterhin „ppa" schreiben müssen, hat rechtliche Gründe, die wir nicht auszuführen brauchen. I.A. und i.V. aber sind selbstverständlich. Wir handeln im Auftrage der Firma beziehungsweise wir vertreten die Firma. Etwas anderes erwartet der Briefempfänger auch nicht. Überlegen und prüfen Sie, ob diese Zusätze nicht gestrichen werden sollten.

Persönliche Elemente im Brief

Denn viel wichtiger ist es, die Menschlichkeit, die schon in den Bezug einfließt, auch am Schluss des Briefes wirken zu lassen. Unterschreiben wir künftig mit Vor- und Familiennamen, stärken wir die schwächste Kommunikationsart auch über diesen Baustein.
Ja, und dann bietet es sich an, den Namen unter der Unterschrift noch einmal in Druckbuchstaben zu wiederholen. Warum? Weil viele Unterschriften nicht zu lesen sind. Und wenn ich Menschlichkeit will, Klima und Atmosphäre berücksichtigt werden sollen, dann muss ich auch ein Interesse daran haben, dass mich der Briefempfänger – wenn er Rückfragen hat – persönlich ansprechen kann.
Die Wiederholung in Druckbuchstaben kann dann unterbleiben, wenn der Ansprechpartner gleichzeitig auch derjenige ist, der den Brief unterschreibt. Dann hat er sich mir ja schon in der Bezugszeichenzeile vorgestellt.

Eine schnelle Ergänzung wirkt lebendig

Im Anschluss an Text und Unterschrift finden wir oft noch weitere

Hinweise, die dann über ein PS oder ein NS angeboten werden. Machen Sie bitte Schluss mit diesen Abkürzungen, auch sie wirken verstaubt. Sie wollen in Wirklichkeit doch noch einmal die Aufmerksamkeit des Briefempfängers fesseln. Sie wollen ihm sagen, dass Sie – meistens ist es ja so – noch einen kleinen Bonbon bereithalten.
Dann schreiben Sie doch auch an dieser Stelle so, wie Sie sprechen: „Übrigens, bevor ich es vergesse, ganz schnell noch ... ." Ja, Sie kommunizieren oft über das Wort „übrigens". Und PS und NS ersetzen wir durch dieses Wort.

Und was geschieht mit der Anlage?

Oft gilt es, Unterlagen beizufügen. In solchen Fällen versehen wir den Brief mit dem Zusatz „Anlage". Ist allein dieses Wort ein Beweis dafür, dass die richtigen Anlagen beiliegen? Bestimmt nicht immer. Wir verzichten darum ganz auf das Wort „Anlage" und nennen die entsprechenden Schriftstücke. Es sei denn, sie wurden bereits im Brieftext erwähnt, dann erübrigt sich auch das.

10 Wirkungsvolle Korrespondenz in Stichpunkten

Vor dem Schreiben

- Denken Sie „mehr"
  Der Geschäftsstil – so meint man – macht das Denken überflüssig. Im Gegenteil, es ist schwieriger, sich kurz und knapp auszudrükken, als umständlich und lang.
- Denken Sie „vorher"
- Knapper Ausdruck erfordert bessere Vorbereitung als phrasenhafte Routine.
- Denken Sie an den Empfänger
  Es gilt nicht: „Was soll ich schreiben?", sondern: „Was soll der Empfänger lesen?"
- Setzen Sie sich ein klares Ziel
  Fragen Sie sich vorher: „Was will ich erreichen?"
- Stellen Sie nur das Notwendige dar
  Machen Sie sich vor dem Formulieren Stichworte, denn Überflüssiges verrät den schlechten Stil.
- Halten Sie die richtige Reihenfolge ein
  Das für den Empfänger Wichtigste gehört an den Anfang.

Beim Schreiben

- Ziele setzen. Was will ich erreichen?
- An den Empfänger denken. Was ist für ihn wichtig? Der Austausch von Information findet nicht beim Schreiben statt, sondern erst, wenn das Geschriebene verstanden wird.
- Schnell Interesse wecken, zum Beispiel mit einem Fragesatz.
- Hauptsachen gehören in Hauptsätze, Nebensachen in Nebensätze.

- Je Satz nicht mehr als zehn bis zwölf Worte verwenden.
- Nur einen Gedanken je Satz verarbeiten.
- Aktivieren Sie, setzen Sie Verben ein.
- Mut zur Lücke zeigen, Unwichtiges weglassen.
- Kernbotschaft auf eine Seite bringen.
- Mit Kritik bei sich selbst beginnen.

Beispiele für erste Sätze, je nach Situation

Vielen Dank für Ihren Brief.

Vielen Dank, dass Sie sich die Zeit genommen haben, uns so ausführlich zu schreiben.

Auch bei uns steht die Zeit nicht still.

Sie stellen uns vor Probleme!

Sie haben Recht!

Ihren Brief haben wir sehr gern gelesen.

Haben Sie uns vergessen? Nein? Dann ...

Haben Sie uns vergessen? Doch sicher nicht.

Sie erinnern sich ganz bestimmt an unser Gespräch.

Schade!

Schade, dass Sie kündigen.

Haben Sie vergessen, den Beitrag zu zahlen? Das ist halb so schlimm.

10

> *18 Jahre! Endlich geschafft. Darum alles Gute für diesen neuen Lebensabschnitt.*
>
> *Kennen wir uns? Nein? Dann darf ich mich bestimmt vorstellen.*
>
> *Klar, Sie wollen später nicht nur Zeit, sondern auch Geld für die schönen Dinge des Lebens haben.*
>
> *Leben Sie gern sorglos? Bestimmt!*
>
> *Lohnt es sich, ein paar Euro mehr für ein gutes Produkt zu zahlen?*
>
> *Wissen Sie, dass Sie während der Bauausführung für Schäden haften, die anderen Personen zustoßen?*
>
> *Vielen Dank für das Vertrauen.*
>
> *Vielen Dank für Ihr Interesse.*
>
> *Bestimmt auch wichtig für Sie! Wir wissen es / Ich weiß es.*
>
> *Vielen Dank, Sie haben richtig entschieden.*
>
> *Ihre Entscheidung für uns „zahlt" sich aus.*
>
> *Ihr Interesse ist unsere Verpflichtung.*
>
> *Gern sind wir für Sie da.*
>
> *Einverstanden!*

- Der Schlusssatz ist immer positiv und aktiv. Er nimmt immer Bezug auf die Situation des Briefempfängers.

- Der Schlusssatz bietet – wenn möglich – Hilfe an. Er lädt zu weiteren Kontakten und zur partnerschaftlichen Zusammenarbeit ein.

Beispiele für Schlusssätze, je nach Situation

Rufen Sie uns an, wir haben Zeit für Sie.

Fragen Sie den Spezialisten, fragen Sie uns.

Ihr Interesse bedeutet für uns Ansporn und Verpflichtung.

Ihr Problem zu kennen ist unser Beruf, Ihr Problem zu lösen unsere Aufgabe

Gern werden wir Ihnen unsere Leistungsfähigkeit beweisen. Stellen Sie uns auf die Probe.

Wir beraten Sie unverbindlich und kostenlos. Bitte nehmen Sie uns beim Wort.

Gern werden wir unser Angebot Ihren Bedürfnissen anpassen.

Bitte rufen Sie uns an. Dankeschön.

Wir freuen uns auf Ihre Antwort.

Werden Sie uns beauftragen? Vielen Dank.

Es tut uns Leid, dass wir Ihnen zusätzliche Arbeit bereiten müssen.

10

Zum Briefaufbau

Die Bezugszeichenzeile ist die Überschrift eines Briefes. Von ihr hängt es oft ab, ob der Brief gelesen wird. Wiederholen Sie nicht, was im Bezug steht. Sparen Sie sich Anfänge wie: „Wir nehmen Bezug auf ...", „Wir sind im Besitz Ihres ..." oder „In Erledigung Ihres ...". Verzichten Sie auf den Leerlauf am Anfang. Kommen Sie gleich zur Sache. Die Partnerschaft zum Briefempfänger steht im Vordergrund.
Im Hauptteil des Briefes sollten Sie folgende Punkte berücksichtigen:

- Die Sätze sind kurz, knapp und präzise formuliert.
- Die Sätze sind aktiv.
- Substantivierte Verben, Konjunktive und Abkürzungen werden vermieden.
- Bei sensiblen Themen stehen die Lösung und der Nutzen für den Kunden im Vordergrund.
- Innovative Formulierungsmöglichkeiten sollten behutsam angewendet werden (zum Beispiel die Suggestion und die direkte Rede in der Korrespondenz).

Machen Sie Schluss, wenn alles gesagt ist. „Zeichnen" und „verbleiben" Sie nicht. „Sehen Sie keinem geschätzten Auftrag entgegen", sondern verabschieden Sie sich mit „Freundliche Grüße", „Freundliche Grüße aus ...", „Freundliche Grüße nach ...", „Mit freundlichen Grüßen", „Mit freundlicher Empfehlung" und „Hochachtungsvoll". Verwenden Sie Anlagen. Sie halten den Brief kurz.

Kleine Briefpsychologie

Schreiben Sie nicht, wenn Sie sich gerade geärgert haben. Ärger soll nicht „aktenkundig" werden. Verzichten Sie auf Belehrungen, teilen Sie Tatsachen mit. Schreiben Sie nicht: „Offenbar ist es Ihnen entgangen ...", sondern „Ganz bestimmt wissen Sie ... „. Danken Sie nur für das Nicht-Selbstverständliche. Entschuldigen Sie sich ohne Vorbehalte oder Alibis. Seien Sie nie „erstaunt", „überrascht" oder „befremdet". Höflichkeit ist kurz, „bitte" und „danke" sagen alles. Unhöflich sind der „frdl. Gruß" oder die „gefl. Kenntnis". Kritik ist immer konstruktiv. Zum Beispiel „Dürfen wir helfen?"

- Benutzen Sie einfache Worte.

Schreiben Sie nicht:	sondern
auf Grund von	wegen
beziehungsweise	oder
lediglich	nur
mittels	mit

- Hüten Sie sich vor Wörtern mit vier und mehr Silben

Schreiben Sie nicht:	sondern:
Benachrichtigung	Nachricht
Rückäußerung	Antwort
Mühewaltung	Mühe
Übersenden	senden

- Verzichten Sie auf unnötige Worte

    Wir erwarten Ihren (telefonischen) Anruf
    Entschuldigen Sie bitte die (aufgetretene) Störung
    ... reichen wir Ihnen (zu unserer Entlastung) zurück.

10

- Verwenden Sie aktive Verben

Schreiben Sie nicht:	sondern:
Den Beschluss fassen	beschließen
In Rechnung stellen	berechnen
Zur Eintragung bringen	eintragen

Die Zahlen

In vielen Geschäftsbriefen werden Zahlen verwendet. Die wichtigsten Regeln der DIN 5008 zur korrekten Gestaltung der Zahlen sind:
- Dezimale Teilungen werden mit einem Komma gekennzeichnet, also 80,67 DM 0,65 DM, 70,71 m und 9,65 kg.
- Bei runden Zahlen oder ungefähren Werten wird die Kennzeichnung fehlender dezimaler Teile der Einheit weggelassen, also 200 DM, 5 DM, über 150 DM und bis 200 m.
- Nichtdezimale Teilungen – etwa die Uhrzeit – werden durch einen Doppelpunkt gekennzeichnet. Bei der Angabe der Uhrzeit muss die Anzahl der Stunden, Minuten und Sekunden mit je zwei Ziffern angegeben werden, also 07:30 Uhr, 23:00 Uhr und 11:04:48 Uhr.
- Zahlen mit mehr als drei Stellen werden standardmäßig von rechts aus durch ein Leerzeichen oder einen Punkt in dreistellige Gruppen gegliedert, also 68 000 Stück, 12.500 m und 221 400 km.
- Geldbeträge mit mehr als drei Stellen werden aus Sicherheitsgründen immer mit einem Punkt in dreistellige Gruppen gegliedert, also 1.200 DM, 846.221 DM und 2.500,24 DM.

Abweichend von den Grundregeln gilt:
- Die Bankleitzahl wird immer von links nach rechts gegliedert,

und zwar in zwei Dreiergruppen und eine Zweiergruppe, also BLZ 500 200 03.
- Die Postfachnummer wird von rechts aus in zweistellige Gruppen gegliedert, also Postfach 42 30 51 oder Postfach 1 32 43.
- Postleitzahlen werden ungegliedert geschrieben, also 22962 Siek.
- Telefon- und Telefaxnummern werden von rechts beginnend zweistellig gegliedert. Die Vorwahlnummern werden in Klammern gesetzt. Bei Durchwahlanlagen wird die Nebenstelle durch einen Bindestrich getrennt, also (04102) 9 90-11.

Zum Aussehen des Briefes

- Wir schreiben linksbündig.
- Wir schreiben kein Satzzeichen mehr hinter die Anrede.
- Wir schreiben das Datum nach DIN 5008:

Basisversion	20001208
erweiterte Version	2000-12-08
verkürzte Version	00-12-08

- Wir nennen den Ansprechpartner im Bezug.
- Wir nennen den Ansprechpartner mit Vor- und Familiennamen.
- Wir verzichten dabei auf Frau und Herr, um ein besonderes Vertrauensverhältnis zu beweisen.
- Wir verzichten auf das Wort „Anlage" und nennen die Anlage.

Ist mein Brief richtig?

- Ist der erste Satz so formuliert, dass der Empfänger bereit ist, den

10

weiteren Text zu akzeptieren?
- Ist jeder Satz verständlich, eindeutig und sprachlich einwandfrei?
- Wurde jede belehrende Formulierung vermieden?
- Wurden verwendete Fachausdrücke erläutert?
- Enthält der Brief keine Wiederholungen?
- Habe ich mich auf das Wesentliche beschränkt, ohne vom Thema abzuschweifen?
- Bin ich auf alle Punkte eingegangen, die im Schreiben des Kommunikationspartners enthalten sind?
- Weiß mein Briefempfänger, was ich von ihm erwarte?
- Ist der letzte Satz positiv formuliert?

Musterbriefe   11

Und jetzt viel Spaß beim Entstauben Ihrer Briefe. Unsere Musterbriefe werden Sie auf diesem Weg begleiten. Vielleicht gefällt Ihnen der eine oder andere Brief so gut, dass Sie ihn übernehmen.

Die Briefe sind nach Themen geordnet:

Glückwunsch zur Selbstständigkeit	55
Firma stellt sich vor (3 Muster)	56
Firma stellt ihre Dienstleistung vor (4 Muster)	60
Kunde wünscht weitere Informationen	65
Anschreiben eines Bestattungsunternehmens wegen eines Grabdenkmals	66
Neuer Kunde/ Begrüßungsschreiben	68
Anzeigenberater stellt sich vor	69
Unsere Anschrift hat sich geändert	70
Werbebrief (6 Muster)	71
Anforderung der Vertragskopie	78
Erinnerung (2 Muster)	79
Kunde widerspricht der Abbuchung	81
Mahnung (3 Muster)	82
Bestellung liegt nicht vor	85
Erstbestellung kann nicht bearbeitet werden/ Kunde beschwert sich	86
Entschuldigungsschreiben/ Artikel fehlt	87
Entschuldigungsschreiben/ falsche Kleidergröße	88
Kunde ist mit uns nicht zufrieden	89
Kunde will nicht mehr beliefert werden	90
Antwort auf Kundenkritik	91
Versicherungen noch aktuell?	92

Beratung zur Ausbildungsversicherung	93
Beratung zur Ausbildungs- und Aussteuerversicherung	94
Beratung zur Kinderunfallversicherung	95
Abschluss einer Kraftfahrzeug-Versicherung	96
Beratung zur Bauherrenversicherung	97
Beratung zur Rechtschutzversicherung	98
Beratung zur Krankenhaustagegeld-Versicherung	99
Versicherungsvertrag/ Kunde zahlt den ersten Beitrag nicht	100
Kündigung wegen Nichtzahlung/ Bankeinzug nicht möglich	101
Zahlungsrückstand/ Androhung von Zwangsmaßnahmen	102
Angebot auf Ratenzahlung	103
Schreiben an die Krankenkasse (2 Muster)	104
Bewerbung (3 Muster)	106
Blindbewerbung	109
Absage (4 Muster)	110
Glückwunsch zur Beförderung	114
Wünsche zum Rentenbezug	115
Beileidsschreiben	116
Weihnachtsgruß (5 Muster)	117

Glückwunsch zur Selbstständigkeit:

Sehr geehrter Herr Muster

Sie sind mit großem Mut „abgesprungen".

Dennoch:

Ein Sprung ins Bodenlose soll es nicht werden. Mit Wagemut werden Sie den geschäftlichen Erfolg erreichen.

Ich wünsche Ihnen, dass Sie dieser Mut und die Kraft zum Durchhalten stets im richtigen Maße begleiten.

Viel Erfolg.

Ihr ...

11 Firma stellt sich vor, erste Möglichkeit:

Es ist geschafft!

Guten Tag Herr Muster

Endlich selbstständig, endlich in eigenen Räumen. Ganz bestimmt freuen Sie sich mit mir.

Den Startschuss gebe ich am ...

Überzeugen Sie sich von meiner Leistungsfähigkeit und vertrauen Sie künftig auch mir.

Ich werde für Sie da sein, nehmen Sie mich beim Wort.

Dankeschön.

Freundliche Grüße

Firma stellt sich vor, zweite Möglichkeit: 11

Sehr geehrte Damen und Herren

Neue Namen merkt man sich nicht gern. Trotzdem riskiere ich es, mich auch bei Ihnen bekannt zu machen.

Darf ich mich Ihnen vorstellen? Vielen Dank.

Mein Name ist ... Den Beruf des ... übe ich seit ... aus.
Seit dem ... bin ich selbstständig.

Sind nicht auch Sie gefordert, über eine Auftragsvergabe immer wieder neu zu entscheiden? Bitte berücksichtigen Sie auch mich bei Ausschreibungen und Reparaturarbeiten für Ihr Haus. Ich würde mich sehr freuen.

Ihr Interesse bedeutet für mich Ansporn und Verpflichtung. Nehmen Sie mich bitte beim Wort.

Mit freundlicher Empfehlung

11 Firma stellt sich vor, dritte Möglichkeit:

Sie blicken aus dem Fenster, sehen Ihrem Gärtner zu, der gerade damit beschäftigt ist, die Zitronen-, Kirsch- und Feigenbäume zu beschneiden ...
Das Meer schimmert tiefblau und glitzert im Sonnenlicht ...
Eine leichte Brise weht vom Ozean herüber, klar und erfrischend ...

Einen Moment glauben Sie, im Himmel zu sein ...

Sehr geehrter Herr Muster

Und deshalb wollen wir, dass Sie alles vergessen, was Sie je über Immobilienmakler gehört haben.

Wie ?

Indem wir uns Ihnen vorstellen und Ihnen eine Beratungsqualität empfehlen, bei der Ihre Wünsche und Ihre Bedürfnisse im Mittelpunkt stehen.

Ach ja, wir sind die Firma ... Uns gibt es jetzt ganz in Ihrer Nähe.

Wir müssen nicht erwähnen, dass wir zuverlässig und fair im Preis sind, unser Handwerk verstehen. Das ist für uns selbstverständlich.

Wir bieten nichts Fiktives, keine Werbung, keine hübschen Bilder ..., sondern Ideen, Ratschläge und Fakten für ein angenehmeres Leben. Bitte vertrauen Sie uns.

Dürfen wir Sie anrufen, um einen Gesprächstermin zu vereinbaren? Danke.

Freundliche Grüße

11 Firma stellt ihre Dienstleistung vor, erste Möglichkeit:

"Wer an der Werbung spart, kann genauso gut die Uhr anhalten, um Zeit zu sparen." (John Ford)

Sehr geehrter Herr Muster

Wollen Sie das? Bestimmt nicht!

Gemeinsam bringen wir Ihre Produkte nach vorn. Dort, wo sie hingehören!

Appetit auf mehr?

Mehr über unsere Leistungsfähigkeit zeigt Ihnen die Info-Mappe.

Gern überzeugen wir Sie im Rahmen einer ausführlichen Präsentation in Ihrem Hause.

Freundliche Grüße

Firma stellt ihre Dienstleistung vor, zweite Möglichkeit:

Guten Tag Herr Muster

Ja! Sie haben die richtige Wahl getroffen. Gemeinsam bringen wir frischen Wind in Ihre Werbung.

Sie haben das Ziel vor Augen, wir zeigen Ihnen den Weg.

Zur Information erhalten Sie eine Broschüre von uns.

Geben Sie jetzt den Startschuss unter Telefon ... Mein Team und ich freuen uns auf die neue Herausforderung.

Freundliche Grüße

11 Firma stellt ihre Dienstleistung vor, dritte Möglichkeit:

Einfach, bequem und rund um die Uhr: T-Online BankService

Guten Tag Herr Muster

Interessant für Sie, wir wissen es! Unser kostenloser T-Online BankService.

Was bietet er Ihnen?

- *Sie erledigen Überweisungen beleglos von zu Hause aus,*
- *Sie erhalten Börseninfos,*
- *Sie erfahren die neuesten Nachrichten,*
- *Sie erhalten Auskünfte über Last-Minute-Reisen, und*
- *Sie erfahren, wann Ihr Zug sein Ziel erreicht.*

Und das alles an 7 Tagen in der Woche, 24 Stunden lang Ihr direkter Zugriff auf das Konto.

Übrigens:

Sie benötigen nur Ihren Telefonanschluss und Ihren PC. Das Modem vermitteln wir Ihnen kostengünstig für ... DM. Die Anschlussgebühr entfällt. Sie zahlen monatlich ... DM, die mit der Telefonrechnung angefordert werden.

Ja, so einfach und günstig ist der Schritt in die Welt der modernen Telekommunikation.

Fasziniert? Dann senden Sie bitte das Antwortschreiben ausgefüllt und unterschrieben zurück oder geben es in einer unserer Geschäftsstellen ab.

Und noch etwas:

Unsere T-Online-Spezialisten haben Zeit für Sie. Bitte sprechen Sie sie an, sollten Sie noch Fragen haben. Dankeschön.

Ihre ...

11. Firma stellt ihre Dienstleistung vor, vierte Möglichkeit:

Guter Rat muss nicht immer teuer sein, im Gegenteil ...

Guten Tag Herr Muster

„Ja", haben Sie sich gestern vielleicht gesagt, „so schnell vergeht die Zeit".

Schon sind die Kinder erwachsen, der Arbeitsplatz ist gesichert, die monatliche Belastung gering. Also ist eigentlich alles in Ordnung.

Aber zahlen Sie jetzt nicht zu viel Einkommensteuer?

„Dann sollten Sie ganz schnell die im Augenblick noch attraktiven steuerlichen Vergünstigungen nutzen", würden wir Ihnen entgegnen.

Wie? Ganz einfach. Durch den Erwerb einer Immobilie in sehr guter Wohnlage.
Übrigens, mit akzeptablem finanziellen Aufwand.

Sie sind interessiert? Dann werden Sie uns ganz bestimmt anrufen, um mit uns einen Gesprächstermin zu vereinbaren, selbstverständlich unverbindlich.

Vielen Dank.

Freundliche Grüße

Kunde wünscht weitere Informationen:

Die besondere Art zu wohnen

Guten Tag Herr Muster

Ja, wir wussten, Sie rufen an!

Denn Sie wissen, was Sie wollen. Und wir glauben es zu wissen.

Sie sind neugierig und gespannt? Dann sollten Sie sofort „in die Tiefe gehen".

Die Unterlagen und Hinweise geben Ihnen einen ersten Eindruck. Und den werden wir in einem persönlichen Gespräch vertiefen.

Sie sind einverstanden? Vielen Dank. Dann rufen Sie uns einfach an. Wir nehmen uns Zeit für Sie.

Freundliche Grüße

Anschreiben eines Bestattungsunternehmens wegen eines Grabdenkmals:

Ihr Vertrauen ist für uns Verpflichtung

Sehr geehrte Frau Muster

Sicherlich haben Sie jetzt wieder die Kraft, an das Alltägliche zu denken.

Und dazu gehört auch das Grabdenkmal.

„Warum sollten Sie sich für uns entscheiden", werden Sie sich fragen. Das sagen wir Ihnen gern.

- *Wir erledigen alle Formalitäten bei der Friedhofsverwaltung für Sie.*
- *Wir liefern zu allen Friedhöfen, die nicht weiter als 50 km entfernt sind.*
- *Wir sind preiswert.*
- *Wir übernehmen die Garantie für die Festigkeit der Fundamente und für die Standfestigkeit der Grabmale bis zu 25 Jahren.*

Dass wir Qualitätsarbeit bieten, ist für uns selbstverständlich.

Ja, und wir verlangen keine Vorkasse, Sie zahlen erst nach Lieferung. Und auch Skonto und Teilzahlung sind möglich.

Sie wollen noch mehr wissen? Dann rufen Sie uns einfach an. Wir nehmen uns Zeit für Sie.

Vielen Dank.

Freundliche Grüße nach ...

Übrigens: „Unser aktuelles Komplettangebot" liegt bei. Schauen Sie es sich in Ruhe an, bevor Sie entscheiden.

11 Neuer Kunde/ Begrüßungsschreiben:

Guten Tag Herr Muster

Vielen Dank für das Vertrauen. Und jetzt sind wir auch für Sie da.

Gern helfen wir Ihnen in allen Fragen Ihres ...

Bitte nehmen Sie uns beim Wort.

Freundliche Grüße

Anzeigenberater stellt sich vor:

Guten Tag Herr Muster

Schade, dass wir uns noch nicht kennen. Und genau das soll sich jetzt ändern.

Als neuer Anzeigenberater bin ich ab sofort für Sie da.

Haben Sie Fragen? Dann freue ich mich auf Ihren Anruf.

Freundliche Grüße

11 **Unsere Anschrift hat sich geändert:**

Guten Tag Frau Muster

Ich bin für Sie da. Das wissen Sie. Und das soll auch so bleiben.

Was sich aber ändert, ist meine Anschrift.

Vom ... an erreichen Sie mich in ...

Kommen Sie doch einfach einmal vorbei, wenn es Ihre Zeit erlaubt. Ich würde mich freuen.

Freundliche Grüße

Werbebrief, erste Möglichkeit:

Sehr geehrter Herr Muster

Haben Sie schon Ihren Jahresurlaub verplant? Nein?

Dann haben wir heute für Sie einige heiße Urlaubstips.

Supergünstig und supererholsam!

Bekommen Sie Fernweh? Dann sind unsere Angebote das beste Gegenmittel.

Am besten greifen Sie gleich zum Telefonhörer und buchen. Denn wer zuerst anruft, der fliegt auch zuerst.

Wir freuen uns auf Sie.

Freundliche Grüße

Werbebrief, zweite Möglichkeit:

Ihr Bauvorhaben...

Sehr geehrter Herr Muster

Zuverlässigkeit und Termintreue in der Zusammenarbeit mit Handwerkern sind für Sie besonders wichtig.

Und wenn Sie sich auf unsere Arbeit verlassen können, sind Ihre Kunden auch mit Ihnen zufrieden.

Wir führen für Sie alle ... schnell, zuverlässig und kostengünstig aus. Unser Team ist qualifiziert und technisch bestens ausgestattet. Dadurch können wir Ihnen die sorgfältige Ausführung aller Arbeiten garantieren.

Bitte sprechen Sie mit uns. Wir überzeugen Sie gern mit einem günstigen Angebot.

Freundliche Grüße

Werbebrief, dritte Möglichkeit:

Damit machen Sie Eindruck!

Sehr geehrter Herr Muster

Ob Bewerbung, Examensarbeit oder Präsentation:

Der optische Eindruck Ihrer Unterlagen ist der entscheidende Erfolgsfaktor.

Je professioneller das Lay-out und die Gestaltung, umso nachhaltiger der Eindruck.

Nutzen Sie unsere Erfahrung, nutzen Sie unsere technischen Möglichkeiten. Und das zu Preisen, die sich sehen lassen können.

Appetit auf mehr? Dann besuchen Sie uns bitte. Wir haben Zeit für Sie.

Vielen Dank.

Freundliche Grüße

11 Werbebrief, vierte Möglichkeit:

Herzlich willkommen!

Guten Tag Frau Muster

In Ihrer Nachbarschaft gibt es ein neues Restaurant, in Ihrer Nachbarschaft gibt es jetzt uns.

Ach ja, wer sind wir? Wir sind ... und bieten Ihnen internationale Spezialitäten.

Dazu eine exquisite Auswahl französischer und italienischer Weine.

Schauen Sie doch einfach einmal vorbei und sind Sie unser Gast. Wir würden uns freuen.

Freundliche Grüße

Werbebrief, fünfte Möglichkeit:

Ihr Betriebsgebäude ist Ihre Visitenkarte

Sehr geehrter Herr Muster

„Es gibt keine 2. Chance für den 1. Eindruck." Dieser Satz ist ebenso banal wie wahr. Und gerade deshalb ist es wichtig, etwas für das optimale Erscheinungsbild des Unternehmens zu tun.

Stimmt der 1. Eindruck? Oder stören schmutzige Jalousien, blinde Leuchtreklamen und bemooste Wände?

Dann rufen Sie uns an. Wir bieten die Reinigung zu besonders günstigen Konditionen.

Denn Ihr Interesse ist unsere Verpflichtung.

Vielen Dank.

Freundliche Grüße

11 Werbebrief, sechste Möglichkeit:

Wir sichern Ihr Unternehmen

Guten Tag Herr Muster

Ihr Interesse ist unsere Verpflichtung.

Deshalb:

Hier unser unverbindliches Angebot, so wie wir es telefonisch besprochen haben.

Wer sind wir? Das sagen wir Ihnen gern.

Wir sind die Firma ... und ein Unternehmen, das durch Zuverlässigkeit überzeugt.

Was schlagen wir Ihnen vor?

Die Größe Ihres Objektes erfordert ein Wachpersonal von ... Personen.
Davon werden ... Streife gehen. Weitere Wachleute werden für ... zuständig sein.

Selbstverständlich wird bei Bedarf der Personaleinsatz kurzfristig erhöht, sollten Sie es wünschen.

Was kosten wir?

Da Leistung ihren Preis hat, sind ... DM + 16% Mehrwertsteuer in der Stunde bestimmt nicht zu teuer.

Sind Sie einverstanden? Dann freuen wir uns auf den Auftrag. Denn Ihr Problem zu kennen ist unser Beruf, Ihr Problem zu lösen unsere Aufgabe.

Vielen Dank.

Freundliche Grüße

11   Anforderung der Vertragskopie:

Guten Tag Frau Muster

Haben Sie uns vergessen? Nein?

Dann schicken Sie uns die Vertragskopie jetzt bitte unterschrieben zurück.

Dankeschön.

Freundliche Grüße

Erinnerung, erste Möglichkeit:

Guten Tag Herr Muster

Haben Sie uns vergessen? Nein?

Dann antworten Sie jetzt bitte bis zum ... Dankeschön.

Freundliche Grüße

11 Erinnerung, zweite Möglichkeit:

„Verantwortlich ist der Mensch nicht nur für das, was er tut, sondern auch für das, was er nicht tut."

Guten Tag Frau Muster

Haben Sie sich von unserem Angebot begeistern lassen, und wurden Ihre Erwartungen vielleicht schon jetzt erfüllt?

Dann sollten wir ganz schnell miteinander reden, um gemeinsam zu überlegen, wie das Vorhaben für Sie realisiert werden kann.

Dürfen wir einen Termin für Sie reservieren? Bitte melden Sie sich bei uns.

Vielen Dank.

Freundliche Grüße

Übrigens: Sollten Sie doch nicht interessiert sein, würden wir gern die Gründe erfahren. Sagen Sie sie uns bitte.

Kunde widerspricht der Abbuchung:

Guten Tag Frau Muster

Sie stellen uns vor Probleme!

Warum haben Sie der Abbuchung widersprochen? Bitte nennen Sie uns den Grund.

Dankeschön.

Freundliche Grüße

11 Mahnung, erste Möglichkeit:

Guten Tag Herr Muster

Eine Mahnung sollte kurz, höflich und erfolgreich sein.

Kurz ist sie, höflich gemeint ist sie auch. Ob sie erfolgreich ist, liegt nun an Ihnen.

Wir freuen uns auf Ihre Zahlung.

Vielen Dank.

Freundliche Grüße

Mahnung, zweite Möglichkeit: **11**

Guten Tag Herr Muster

Haben Sie vergessen zu zahlen? Das ist halb so schlimm.

Dennoch:

Bitte zahlen Sie jetzt. Sonst ist Ihr Versicherungsschutz gefährdet.

Vielen Dank.

Freundliche Grüße

11   Mahnung, dritte Möglichkeit:

Guten Tag Frau Muster

Auch wir benötigen Geld!

Deshalb:

Bitte zahlen Sie jetzt. Sonst ...

Vielen Dank.

Freundliche Grüße

Bestellung liegt nicht vor:

Guten Tag Frau Muster

Wirklich ärgerlich, aber Ihre Bestellung ist bei uns nicht eingegangen.

Bitte bestellen Sie noch einmal. Vielen Dank.

Freundliche Grüße

11 Erstbestellung kann nicht bearbeitet werden/ Kunde beschwert sich:

Sehr geehrte Frau Muster

Ja, schade, das habe auch ich mir gesagt. Gern hätte ich Ihre Bestellungen so ausgeführt, wie Sie es wünschten.

Dennoch:

Verstehen Sie uns bitte. Sie als Neukundin bringen uns und unseren Modellen Vertrauen entgegen. Und genau dieses Vertrauen werden auch wir Ihnen beweisen. Nur, wir wurden in der Vergangenheit sehr oft enttäuscht. Wir lieferten Waren aus und warteten viele Monate auf das Geld. Häufig erhielten wir es erst mit gerichtlicher Hilfe.

Das veranlasste uns, die Geschäftspolitik zu ändern. Sie bekamen diese Änderung zu spüren und waren zu Recht verärgert. Wie aber sollen wir gleich zu Beginn der Zusammenarbeit unterscheiden können, wo strengere Maßstäbe anzusetzen sind und wo nicht? Wir beide wissen, dass das nicht möglich ist.

Bitte betrachten Sie die Angelegenheit in aller Ruhe noch einmal aus dieser Sicht. Wir jedenfalls würden uns freuen, Sie recht bald davon überzeugen zu können, dass Sie mit uns den richtigen Partner wählten.

Vielen Dank.

Freundliche Grüße

Entschuldigungsschreiben/ Artikel fehlt:

Guten Tag Herr Muster

Auch uns passieren Fehler! Bitte entschuldigen Sie. Vielen Dank.

Im Paket vom ... fehlte ein Artikel, den wir berechnet haben. Wir liefern ihn so schnell wie möglich nach. Sie erhalten dafür dann eine neue Rechnung.

Der Betrag auf der Rechnung vom ... wurde storniert.

Freundliche Grüße

11 — Entschuldigungsschreiben/ falsche Kleidergröße:

Guten Tag Frau Muster

*Sie haben Recht! Diese Größe wurde von Ihnen nicht bestellt.
Bitte entschuldigen Sie. Vielen Dank.*

*Inzwischen haben Sie das Kleidungsstück zurückgeschickt.
Der Betrag dafür wurde storniert. Damit ist die Angelegenheit
erledigt.*

Vertrauen Sie uns bitte auch weiterhin. Wir würden uns freuen.

Freundliche Grüße

Kunde ist mit uns nicht zufrieden und wünscht keinen Katalog mehr: **11**

Guten Tag Frau Muster

Sie haben Recht! Normalerweise sollten wir Ihrem Wunsch entsprechen können.

Dennoch:

Sollten Sie den Katalog momentan nicht benötigen, nehmen Sie ihn bitte trotzdem an. Vermerken Sie dann einfach auf dem Bestellschein, wann wir Ihnen dieses Modejournal wieder zusenden dürfen.

Oder fordern Sie das Journal zu gegebener Zeit selbst an.

Kosten entstehen Ihnen nicht. Der Aufkleber für die Rücksendung liegt immer bei. Er muss nicht frankiert werden, wir zahlen das Porto.

Danke, dass Sie uns verstehen.

Freundliche Grüße

11 Kunde will nicht mehr beliefert werden:

Guten Tag Frau Muster

„Ich habe mich lange gefragt, ob Sie meinen Brief überhaupt noch lesen werden."

Bitte glauben Sie mir, nichts liegt uns mehr am Herzen, als Sie immer zufrieden zu stellen.

Nur, ist das immer möglich? Sicher nicht. Auch wir sind von Geschäftspartnern abhängig.

Leider wurden wir dieses Mal beide enttäuscht.

Wäre es nicht schade, wenn wir Sie deswegen nicht mehr über unsere Modetrends informieren? Bitte vertrauen Sie uns auch weiterhin.

Dankeschön.

Freundliche Grüße

Übrigens: Wenn Sie uns anrufen, sagen wir Ihnen, ob Ihr Wunschmodell vorrätig ist.

Antwort auf Kundenkritik:

Guten Tag Frau Muster

Vielen Dank für die ehrliche Kritik. Schade, dass Sie nicht zufrieden sind.

Aber Naturstoffe und Modelle aus einem Materialmix knittern nun einmal. Dazu gehören Baumwolle, Seide, Leinen, Viskose, Cupro und auch Schurwolle.

Bitte berücksichtigen Sie das bei Ihren Einkäufen.

Es handelt sich also nicht um eine schlechte Stoffqualität, sondern um die Eigenschaft eines Naturstoffes.

Und noch etwas:

Damit Stoffe knitterfrei bleiben, sich weich anfühlen, sich nicht elektrostatisch aufladen und außerdem Schmutz abweisend sind, werden viele Stoffe chemisch behandelt. Darauf aber verzichten wir. Unsere Bekleidung sollte nicht mehr Chemie aufweisen, als unbedingt nötig.

Natürlich wollen wir nicht, dass Sie mit einem Modell von uns unzufrieden sind. Deshalb nehmen wir es zurück. Der Warenwert von ... DM wurde Ihrem Kundenkonto gutgeschrieben. Ziehen Sie diesen Betrag bitte bei einer neuen Rechnung selbst ab.

Einverstanden? Dankeschön.

Freundliche Grüße

11 Versicherungen noch aktuell?

Herzliche Glückwünsche zu Ihrer Hochzeit

Guten Tag Frau Muster,
guten Tag Herr Muster

Ganz bestimmt waren die letzten Wochen für Sie mit viel Aufregungen und Vorbereitungen verbunden.

Haben Sie jetzt wieder etwas mehr Zeit für sich und die Familie?

Dann bitten wir Sie, zu prüfen:

> *Sind alle Versicherungen noch aktuell?*
> *Müssen nach der Heirat Verträge geändert werden?*
> *Können Sie Geld sparen, das Sie durch Doppelversicherung ausgeben?*
> *Sollten Einzelversicherungen in Familienversicherungen umgewandelt werden?*
> *Sind vielleicht sogar Versicherungslücken entstanden?*

Sprechen Sie mit uns. Wir helfen Ihnen gern, selbstverständlich unverbindlich.

Dürfen wir Sie anrufen, um einen Besuchstermin zu vereinbaren?

Dankeschön.

Freundliche Grüße

Beratung zur Ausbildungsversicherung:

Guten Tag Frau Muster

Herzlichen Glückwunsch zur Geburt ...

Ja, und schon machen Sie sich Gedanken über die Zukunft Ihres Kindes.

Auch jetzt sind wir für Sie da. Wie wäre es zum Beispiel mit einer Ausbildungsversicherung?

In vielen Familien ist es Tradition, das Kindergeld oder einen Teil davon in dieser Versicherung anzulegen. So ermöglichen Sie Ihrem Kind die finanzielle Basis für einen guten Start ins Studium oder Berufsleben.

Sie wünschen darüber eine ausführliche Information? Prima! Dann weiß ich auch, Ihnen das Richtige angeboten zu haben.

Dankeschön.

Freundliche Grüße

11 Beratung zur Ausbildungs- und Aussteuerversicherung:

Jetzt beginnt die Zukunft Ihres Kindes

Guten Tag Herr Muster

Werden Sie Ihrem Kind den Start ins Leben erleichtern? Dann legen Sie doch einfach das Kindergeld für die Ausbildung an.

Hervorragend und sicher als Kapitalanlage:

        Die Aussteuer- oder Ausbildungsversicherung.

Sie garantiert neben dem Versicherungsschutz eine hohe Rendite. Schon ein Teil des Kindergeldes ergibt ein ansehnliches Kapital. Es bildet die finanzielle Grundlage für die Ausbildung.

Gern unterbreite ich Ihnen ein Angebot.

Darf ich Sie anrufen? Dann vereinbaren wir einen Gesprächstermin.

Vielen Dank.

Freundliche Grüße

Beratung zur Kinder-Unfallversicherung:

Heute mache ich Sie auf eine große Gefahr aufmerksam

Guten Tag Herr Muster

Erschreckend! Dennoch wahr.

Über 1.5 Millionen Kinder werden allein in Deutschland jährlich durch Unfälle verletzt.

Die schlimmsten Folgen:

> *Lebenslange Behinderungen,*
> *teuere Spezialbehandlungen,*
> *teuere Spezialausbildungen.*

> *Keine Unfallrente,*

wenn der Unfall außerhalb der Schule oder des Kindergartens geschieht. Auch später als Erwachsener nicht.
Ein hartes Schicksal.

Darum:

Schützen Sie sich und Ihr Kind zumindest vor den finanziellen Folgen. Handeln Sie als Eltern rechtzeitig und verantwortungsbewusst.

Darf ich Sie beraten? Vielen Dank.

Freundliche Grüße

11   Abschluss einer Kfz-Versicherung:

Guten Tag Herr Muster

Vielen Dank, Sie haben richtig entschieden.

Denn als einer der größten Autoversicherer sind wir bekannt für niedrige Beiträge, hohe Beitragsrückvergütungen und optimale Kundenbetreuung.

Jetzt muss noch der Versicherungsantrag ausgefüllt werden, damit Ihr Auto ausreichend versichert ist.

Bitte besuchen Sie mich in den nächsten Tagen. Vergessen Sie aber nicht, den Kfz-Schein mitzubringen.

Vielen Dank.

Freundliche Grüße

Beratung zur Bauherrenversicherung: **11**

Guten Tag Herr Muster

Wissen Sie, dass Sie während der Bauausführung für Schäden haften, die anderen Personen zustoßen?

Oder glauben auch Sie, dass die dort arbeitenden Firmen oder aber der Architekt für diese Schäden zuständig sind?

Diese Annahme kann Sie viel Geld kosten!

Sie sind unter anderem dafür verantwortlich, dass Ihre Baustelle ausreichend abgesichert und beleuchtet ist. Die Kellerschächte und Gruben müssen abgedeckt sein. Auch wenn Sie das dem Architekten oder der Baufirma übertragen haben, haften Sie.

Deshalb: Informieren Sie sich – vor Baubeginn – über die Bauherren-Haftpflichtversicherung.

Diese Versicherung übernimmt die Ansprüche, die sich gegen Sie richten könnten.

Bitte lassen Sie sich beraten. Gern rufe ich Sie an.

Vielen Dank.

Freundliche Grüße

11 Beratung zur Rechtsschutzversicherung:

Guten Tag Herr Muster

Sie erfahren es täglich selbst:

Schnellere Autos, wachsende Verkehrsdichte, rauere Sitten auf den Straßen. Steigende Unfallzahlen und Anzeigen, das ist unser Alltag.

Und wenn dann der Gegner den Rechtsschutz beansprucht? Wenn Sie sich gegen die Polizei wehren wollen, ja, wehren müssen? Oder wenn es Ärger nach einem Autokauf gibt?

Dann garantiert unser Rechtsschutz auch Ihnen Ihre Chancengleichheit vor dem Gesetz. Sie leisten sich Ihren Anwalt, Sie leisten sich Ihren Anwalt ohne Kostenrisiko.

Sie sind interessiert? Dann rufen Sie mich bitte an. Ich habe Zeit für Sie.

Vielen Dank.

Freundliche Grüße

Beratung zur Krankenhaustagegeld-Versicherung:

Wer liegt schon gern im Krankenhaus

Guten Tag Frau Muster

Liegen Sie gern im Krankenhaus? Bestimmt nicht. Das ist immer unangenehm. Ganz abgesehen von der finanziellen Mehrbelastung.

Sie besteht in den Kosten für Telefon, Geschenke, Zeitschriften, Fahrten der Angehörigen. Vielleicht wird eine Haushaltshilfe erforderlich.

Wer soll das bezahlen? Insbesondere dann, wenn der Hauptverdiener durch diesen Aufenthalt nicht mehr wie gewohnt verdient?

Unsere preiswerte Krankenhaustagegeld-Versicherung hilft, diese Belastung auszugleichen.

Sind Sie interessiert? Vielen Dank.

Ich rufe Sie an, um Sie ausführlich zu informieren.

Freundliche Grüße

11 — Versicherungsvertrag/ Kunde zahlt den ersten Beitrag nicht:

Sehr geehrter Herr Muster

Haben Sie vergessen, den ersten Beitrag zu zahlen? Solange das nicht geschehen ist, kann der Versicherungsschutz nicht wirksam werden.

Bitte zahlen Sie jetzt. Nutzen Sie dazu den vorbereiteten Überweisungsträger.

Übrigens:

Sollten Sie eigene Vordrucke ausfüllen, dann überweisen Sie bitte nur auf das Konto ...

Und vergessen Sie Ihre Vertragsnummer nicht. Nur dann können wir richtig buchen.

Dankeschön.

Freundliche Grüße

Kündigung wegen Nichtzahlung/ Bankeinzug nicht möglich: 11

Guten Tag Herr Muster

Nein, der Bankeinzug ist zurzeit nicht möglich. Denn Sie wissen, dass wir den Vertrag wegen Nichtzahlung der Beiträge gekündigt haben.

Zahlen Sie bitte zunächst den Betrag, der in der Kündigung genannt wurde. Erst dann können wir die künftigen Beiträge abbuchen. Allerdings benötigen wir dazu eine neue Ermächtigung.

Danke, dass Sie uns verstehen.

Freundliche Grüße

11 Zahlungsrückstand/ Androhung von Zwangsmaßnahmen:

Guten Tag Herr Muster

Sollen wir die Forderung von ... DM tatsächlich mit gerichtlicher Hilfe einziehen? Doch ganz bestimmt nicht.

Sie zwingen uns aber dazu, wenn Sie auch weiterhin nicht zahlen. Bitte kommen Sie Ihren Verpflichtungen bis zum ... nach.

Freundliche Grüße

Angebot auf Ratenzahlung:

Guten Tag Herr Muster

Sie stellen uns vor Probleme!

Deshalb:

Sind Sie nun bereit, monatliche Raten von mindestens ... DM auf unsere Forderung von ... DM zu zahlen?

Wenn ja, dann überweisen Sie den ersten Betrag bitte innerhalb von 14 Tagen.

Sonst zwingen Sie uns, erneut den Gerichtsvollzieher mit der Pfändung zu beauftragen. Und sollte sie erfolglos verlaufen, werden wir Sie wieder die eidesstattliche Versicherung ablegen lassen.

Ist das wirklich in Ihrem Interesse? Doch ganz bestimmt nicht.

Wie werden Sie sich verhalten?

Freundliche Grüße

Übrigens: Aus dem Schuldtitel können wir insgesamt 30 Jahre vollstrecken.

11 Schreiben an die Krankenkasse, erste Möglichkeit:

Sehr geehrte Damen und Herren

Herr Klaus Muster, geboren am 30.09.36, Birkenweg 36, 24111 Kiel, ist seit dem 01.07.98 Rentner.

Von diesem Zeitpunkt an erhält er eine Betriebsrente von 250,00 DM brutto monatlich.

Krankenkassenbeiträge sind zurzeit nicht zu zahlen.

Freundliche Grüße

Schreiben an die Krankenkasse, zweite Möglichkeit:

Sehr geehrte Damen und Herren

Herr Klaus Muster, geboren am 30.01.20, Birkenweg 36, 24111 Kiel, ist am 07.07.99 gestorben.

Die Betriebsrente haben wir zuletzt für den Monat Juli 99 gezahlt. Eine Hinterbliebenenversorgung besteht nicht.

Freundliche Grüße

11 Bewerbung, erste Möglichkeit:

Sehr geehrter Herr Muster

„Ja", habe ich mir beim Lesen Ihrer Anzeige gesagt, „in diesem Unternehmen in dieser Position zu arbeiten, wäre eine Herausforderung für dich".

Deshalb bewerbe ich mich bei Ihnen.

Werden Sie mich zu einem persönlichen Gespräch bitten? Ich freue mich.

Gern sage ich Ihnen dann mehr über mich und meine beruflichen Vorstellungen.

Vielen Dank.

Mit freundlicher Empfehlung

Übrigens: Meinen Lebenslauf, Referenzen und Zeugnisse habe ich beigefügt.

Bewerbung, zweite Möglichkeit:

Sehr geehrte Frau Muster

Ihr Stellenangebot interessiert mich sehr. Ich bin sicher, dass Sie von meinen bisherigen beruflichen Erfahrungen profitieren werden.

Als ... habe ich in verschiedenen Firmen jeweils mehrjährige Erfahrungen gesammelt.

Da mein jetziger Arbeitgeber den Standort wechselt, suche ich schon jetzt eine neue Herausforderung, in die ich meine Stärken einbringen kann.

Werden Sie mich zu einem persönlichen Gespräch bitten? Ich würde mich freuen.

Vielen Dank.

Mit freundlicher Empfehlung

Lebenslauf
Foto
4 Zeugnisse
2 Referenzen

11 Bewerbung, dritte Möglichkeit:

Sehr geehrter Herr Muster

Sie suchen ...? Meine Ausbildung und der bisherige Werdegang bieten eine ideale Kombination aus fundierten theoretischen Kenntnissen und praktischen Erfahrungen.

Mein Aufgabengebiet und der Tätigkeitsbereich umfassen...

Als ... stelle ich Mitarbeiterinnen und Mitarbeiter für ... ein, und bin Abwesenheitsvertreter des ...

Habe ich Ihr Interesse geweckt? Dann freue ich mich auf die Einladung zum persönlichen Gespräch.

Gern sage ich Ihnen dann mehr über mich und meinen beruflichen Werdegang.

Vielen Dank.

Mit freundlicher Empfehlung

Übrigens: Den Lebenslauf mit Foto und ein vorläufiges Zeugnis meines jetzigen Arbeitgebers habe ich beigefügt.

Blindbewerbung:

Sehr geehrter Herr Muster

Nein, Sie haben mich nicht angeschrieben. Dennoch würde ich mich freuen, wenn Sie meine Zeilen lesen.

Mein Name ist ..., ich bin von Beruf ... und suche eine neue Herausforderung.

Deshalb bewerbe ich mich bei Ihnen.

Werden Sie mich zu einem persönlichen Gespräch bitten? Vielen Dank.

Gern sage ich Ihnen dann mehr über mich und meine beruflichen Vorstellungen.

Mit freundlicher Empfehlung

11 Absage, erste Möglichkeit:

Sehr geehrte Frau Muster

„Nein" zu sagen ist oft schwer!

Dennoch:

Auch wenn Ihr Publikationsangebot für unser Programm nicht genutzt wird, danken wir Ihnen herzlich.

Es war wirklich interessant, sich mit dem Werk zu beschäftigen.

Freundliche Grüße

Absage, zweite Möglichkeit:

Sehr geehrte Frau Muster

„Nein" zu sagen ist oft schwer!

Dennoch:

Wir haben zurzeit keine Stelle zu besetzen, die Ihrer Qualifikation entspricht.

Bitte verstehen Sie uns. Vielen Dank.

Für die Zukunft wünschen wir Ihnen alles Gute.

Freundliche Grüße

Dokumente ...

11 Absage, dritte Möglichkeit:

Sehr geehrter Herr Muster

Vielen Dank für Ihr Vertrauen.

Ihre Arbeit aber kann leider nicht in das Verlagsprogramm aufgenommen werden.

Bitte verstehen Sie das. Dankeschön.

Freundliche Grüße

Übrigens: Senden Sie uns das Manuskript bitte nicht mehr zu.

Absage, vierte Möglichkeit:

Sehr geehrter Herr Muster

Vielen Dank für Ihr Schreiben.

Für unser Haus arbeiten zurzeit genügend Übersetzer aus dem Englischen und Französischen. Ein weiterer Bedarf besteht nicht.

Bitte verstehen Sie uns. Vielen Dank.

Ihre Dokumente erhalten Sie zusammen mit diesem Schreiben zurück.

Freundliche Grüße

Übrigens: Wir haben Ihre Angaben vermerkt und melden uns, sollten „Engpässe" entstehen.

11 — Glückwunsch zur Beförderung:

Guten Tag Herr Muster

Geschafft!

Ja, geschafft durch Fleiß, Aufrichtigkeit und Menschlichkeit. Herzlichen Glückwunsch.

Was wünschen wir Ihnen?

....
....

Freundliche Grüße

Wünsche zum Rentenbezug:

Lieber Herr Muster

So schnell vergeht die Zeit ...

Und nun genießen Sie den dritten Lebensabschnitt. Wir freuen uns mit Ihnen.

Was wünschen wir Ihnen?

Ganz bestimmt Gesundheit, Zufriedenheit und ein klein wenig Glück.

Ihr / Ihre

11 Beileidsschreiben:

Sehr geehrter Herr Muster

Ihnen und Ihren Angehörigen sprechen wir unsere aufrichtige Anteilnahme aus.

Ganz bestimmt ist es nicht leicht, gerade in diesen Tagen das Alltägliche zu bewältigen.

Dennoch:

....
....

Freundliche Grüße

Weihnachtsgruß, erste Möglichkeit:

Das war es mal wieder.

365 Tage. 52 Wochen. 12 Monate.
Interessant. Aufregend. Erlebnisreich.
Und jeden Tag neu.

Alles Gute Ihnen, gesegnete Weihnachten
und ein glückliches neues Jahr.

11 Weihnachtsgruß, zweite Möglichkeit:

Mein Dank gilt allen, die mir an den vergangenen 365 rundherum schönen Tagen offen begegneten.

Dazu gehören:

- *Dieses Unternehmen, das mir wieder viel Freiraum gewährte und schlimme Fouls nicht zuließ,*

- *all jene, die mir gelegentlich zuhörten und sagten, was sie dachten, und*

- *die Freunde, die für mich da waren, wenn ich sie brauchte.*

Frohe Weihnachten und ein gesundes neues Jahr.

Weihnachtsgruß, dritte Möglichkeit:

Sehr geehrte Frau Muster

Ein frohes neues Jahr wünsche ich Ihnen, mit Gesundheit, persönlichem Wohlergehen und beruflichem Erfolg.

Ich bin für Sie da. Das wissen Sie. Und das soll auch im neuen Jahr so sein.

Deshalb:

Kommen Sie doch einfach wieder einmal vorbei, wenn es Ihre Zeit erlaubt. Ich würde mich freuen.

Freundliche Grüße

Weihnachtsgruß, vierte Möglichkeit:

Auf ein gutes neues Jahr!

Sehr geehrte Frau Muster

Das wünschen wir Ihnen von Herzen.

Doch wird es ein gutes oder ein schlechtes 2001? Wer weiß das schon zu sagen. Denn wie sich die Zukunft entwickelt, darauf haben wir nur geringen Einfluss.

Doch wenn wir den Glauben an uns und unsere Aufgabe nicht verlieren, dann schwinden auch nicht die für das Leben notwendigen Antriebskräfte. Und dann meistern wir die Zukunft.

Ich jedenfalls drücke Ihnen die Daumen.

Herzlichst

Ihr

Weihnachtsgruß, fünfte Möglichkeit:

„Erinnerungen sind ein Paradies, aus dem wir nicht vertrieben werden können."

An die angenehme Zusammenarbeit mit Ihnen erinnere ich mich immer wieder gern. Vielen Dank.

Ich wünsche Ihnen und Ihren Angehörigen ein frohes Weihnachtsfest und ein glückliches neues Jahr.

Möge es auch ein erfolgreiches Jahr für Ihren Betrieb werden.

Ernst Lorenzen + Partner

An der Rotbuche 27
22962 Siek
Telefon: 0 41 07 / 91 64
Telefax: 0 41 07 / 71 32
e-mail: lorenzen-gmbH@t-online.de

Zu jedem Ziel führt ein Weg, aber jeder Weg beginnt mit einem ersten Schritt ...
... Lorenzen-Seminare

Unsere Zielgruppen

- Personalentwickler / Weiterbildungsleiter
- Geschäftsführer
- Ausbilder und Trainer
- Führungskräfte
- Außendienstverantwortliche
- Mitarbeiter
- Freiberufler

Unsere Seminarangebote

- „MAIL-MELTING" – die innovative Korrespondenz
  – Kurz – knapp – präzise, damit der Briefempfänger uns sofort versteht.

- Kundenorientiertes Verhalten am Telefon
  – Kundenorientierung – nicht nur ein Schlagwort.
  – Service ist das, was der Kunde als Service empfindet.
  – Denken bestimmt das Handeln

- Wirksame Kommunikation für den Außendienst
  ... denn Überzeugung läßt sich verkaufen
  – Mit Einfühlungsvermögen und positivem Egoismus zum Verkaufserfolg.
  – Ausbau von Stehvermögen, Festigkeit und Zivilcourage.
  – Erfolg aus Mißerfolg und Verhalten bei Absage.

- Kunden-Bindung durch Kunden-Faszination
  – Die Faszinations-Fähigkeit wird die entscheidende Qualität des Mitarbeiters der Zukunft sein.
  – Denn der Kunst wird nur dann an uns gebunden bleiben, wenn wir ihn nicht nur durch unsere Produkte, sondern auch persönlich faszinieren.

- Konfliktfreie Gesprächsführung – Verhaltensänderung
  – Wie Sie sich in härteren beruflichen Situationen verhalten können.
  – Verbessern der Kommunikation durch praktiziertes Feedback.

- Die Mitarbeiterführung im Wertewandel
  – Untergebene warm und menschlich führen, für die Arbeit begeistern können, das ist die Aufgabe der Führungskraft der Zukunft.

- Didaktik – Methodik – Rhetorik
  ... damit Sie lehrend jederzeit „richtig liegen".

- Train-the-Trainer (zu allen Themen)
  – Training entwickelt sich immer mehr – über das Vermitteln von Wissen hinaus – zu einem psychischen Aufbaukurs. Deshalb ist das psychologisch richtige Verhalten eines Trainers im Seminar viel wichtiger und erfolgreicher als die Präsentation seines Wissens.

- Ausbildung der Ausbilder
  (mit Handelskammerabschluß).

- Besonderes Angebot
  - Überarbeitung der Firmen-Korrespondenz
  - Texten von Werbeschreiben
  - Erstellen von kreativen Texten
  - Coaching im kommunikativen Bereich

- Unsere Seminarmethode ...
  ... umfaßt den ganzen Menschen und seine Möglichkeiten. Auf der Grundlage neuester Erkenntnisse werden Intelligenz und Begabung aktiviert, Hemmungen und Ängste – insbesondere im Umgang mit anderen Menschen – abgebaut.